Escolha o caminho mais fácil

JULIA ROGERS HAMRICK

Escolha o caminho mais fácil

Aprenda a driblar as dificuldades e viver sem complicações.

Tradução
Doralice Lima

1ª edição

Rio de Janeiro | 2017

CIP-BRASIL. CATALOGAÇÃO NA PUBLICAÇÃO
SINDICATO NACIONAL DOS EDITORES DE LIVROS, RJ

H194e
Hamrick, Julia Rogers
  Escolha o caminho mais fácil / Julia Rogers Hamrick ; tradução Doralice Xavier de Lima. – 1ª ed. – Rio de Janeiro: Best*Seller*, 2017.

Tradução de: Choosing Easy World
ISBN 978-85-7684-599-7

1. Técnicas de autoajuda. 2. Autorrealização. I. Lima, Doralice Xavier de. II. Título.

16-38293

CDD: 158.1
CDU: 159.947

Texto revisado segundo o novo Acordo Ortográfico da Língua Portuguesa.

Título original norte-americano
Choosing Easy World
Copyright © 2010 by Julia Rogers Hamrick.
Copyright da tradução © 2016 by Editora Best Seller Ltda.

Capa: Renan Araujo
Editoração eletrônica: Abreu's System

Todos os direitos reservados. Proibida a reprodução, no todo ou em parte, sem autorização prévia por escrito da editora, sejam quais forem os meios empregados.

Direitos exclusivos de publicação em língua portuguesa para o Brasil adquiridos pela
EDITORA BEST SELLER LTDA.
Rua Argentina, 171, parte, São Cristóvão
Rio de Janeiro, RJ – 20921-380
que se reserva a propriedade literária desta tradução

Impresso no Brasil

ISBN 978-85-7684-599-7

Seja um leitor preferencial Record.
Cadastre-se e receba informações sobre nossos lançamentos e nossas promoções.

Atendimento e venda direta ao leitor
mdireto@record.com.br ou (21) 2585-2002

Dedicado a

VOCÊ

*e a todos os que se perderam do caminho mais fácil
e desejam reencontrá-lo.*

Sumário

Introdução: Nosso caminho original 9

1. A redescoberta do caminho mais fácil 15
2. A chave do caminho mais fácil 24
3. O que é o caminho mais fácil? 37
4. Seu guia pessoal para o caminho mais fácil 52
5. O Ditador do mundo da dificuldade 63
6. A ação no caminho mais fácil 82
7. Como encontrar o caminho mais fácil na escuridão 95
8. Florescer na vida no caminho mais fácil 116
9. Como promover a vida no caminho mais fácil 136
10. Perguntas e respostas sobre o caminho mais fácil 154
11. Aventuras no caminho mais fácil 167
12. O planeta da facilidade 186

Agradecimentos 190

Introdução

Nosso caminho original

Vou contar uma história sobre você. Se você não conseguir recordá-la imediatamente, saiba que a culpa é de um tipo de amnésia. Talvez ela pareça uma fantasia e se você se sentir melhor pensando assim, por favor, apenas se permita relaxar e aceitá-la em sua imaginação.

Não importa o que você pense dessa história, acredite que ao lê-la começará a achá-la familiar e a sentir que ela revolve suas lembranças primordiais, além de despertar o desejo de aceitar novamente o caminho e os costumes de sua origem.

É provável que o caminho mais familiar para você não seja o seu caminho original. Suas origens estão em um lugar muito mais delicado e tranquilo — um lugar de conforto, realização e alegria. Lá você florescia. A realidade conturbada de sua vida atual pode ser fascinante, mas não é seu verdadeiro lar. Sua realidade atual, que tem estado tão presente em sua consciência e que o levou a uma experiência de vida tão diferente daquela na qual começou, praticamente bloqueou sua percepção de como as coisas costumavam e poderão voltar a ser.

Sim, a realidade em que você vive hoje lhe proporciona uma magnífica experiência de contrastes extremos: tristeza, que dá origem ao desejo de ter alegria; dor e violência, que geram um anseio por paz; dificuldades, que trazem uma aspiração por facilidade. Mas quando esses desejos se realizam? Quando você aprende a escolher o caminho mais fácil.

O que desejamos é um lar, um lugar onde nossos anseios de alegria, paz e conforto sejam realizados. E com certeza é possível escolher viver nesse lugar. Vou lhe mostrar como.

Para começar, deixe-me refrescar sua memória.

Era uma vez um tempo em que tudo era fácil. Você tinha tudo de que precisava. Tudo corria bem. Você não precisava lutar ou se esforçar. Não tinha preocupações. Simplesmente desfrutava a vida, deixava que todas as suas necessidades e desejos fossem atendidos, fazia o que lhe interessava e estimulava, e sentia alegria e contentamento. Você vivia no caminho mais fácil.

Lá, nada lhe faltava; você vivia mergulhado em uma corrente de bem-estar e amor, e tudo o que lhe era necessário simplesmente vinha a você nessa corrente. Nunca lhe passava pela cabeça a possibilidade de suas necessidades ou desejos não serem atendidos, porque isso nunca acontecia. Você sempre se permitia e nunca resistia a esse fluxo abundante de recursos. Você também não tinha nada supérfluo — sempre possuía a quantidade exata de tudo.

No caminho mais fácil, tudo o que você fazia era inspirado. Quando sentia crescer dentro de si uma empolgação para fazer algo, você entrava em ação e a tarefa era fácil e divertida. Se lhe fosse apresentada alguma atividade para a qual você não sentisse uma energia natural, simplesmente não agia, porque aquela atividade não era atribuição sua.

No caminho mais fácil você jamais fazia alguma coisa seguindo uma motivação externa. "Deve", "tem que" ou "precisa" não faziam parte de sua vida. Naquele caminho, ninguém jamais lhe impunha a obrigação de fazer alguma coisa para a qual você não sentisse uma motivação interior. Esse conceito é absolutamente estranho no seu caminho original! Da mesma forma, você nunca resistia a fazer o que era *sua tarefa*, nem deixava de corresponder a uma inspiração. Isso também era inconcebível.

Você esperava ser inspirado e motivado naturalmente, sentindo crescer por dentro a energia correspondente a qualquer coisa que fosse instigado a fazer. No momento exato você era impelido a fazer precisamente o que expandiria e faria prosperar a Totalidade da Criação — incluindo você mesmo, é claro.

No caminho mais fácil, todos estão em harmonia entre si porque todo mundo está sintonizado com seu desígnio inato: o Desígnio da Harmonia. Tudo o que precisa ser feito é realizado em perfeita sequência e ordem. Você pode chamar isso de "sincronia", mas é uma sincronia que não tem qualquer relação com relógios. Não há necessidade de relógio, porque a sincronização de tudo com a pulsação do caminho mais fácil é o que governa a ordem e o ritmo com que tudo acontece ali, em perfeita coordenação.

Em seu estado original, você se sentia realizado, porém jamais ficava entediado. Você se lançava na execução do que se sentia mais animado e ansioso por fazer. Você realizava suas ações com a maior facilidade, porque eram atividades que estavam de acordo com sua natureza e alinhadas às suas paixões. Qualquer desafio que experimentava não era causado por algum conflito; era escolha sua, para seu divertimento.

Você estava continuamente aberto a níveis crescentes de atração, e se divertia e se deliciava ao expressar de forma ilimitada sua criatividade inata. Recebia apoio integral das forças universais que sempre lhe forneciam tudo aquilo de que precisava para suas criações, bastando para isso que você pensasse no recurso necessário e deixasse que aquilo se manifestasse em sua realidade. Você nunca tinha dúvidas que bloqueassem o aparecimento de qualquer coisa que desejasse; no caminho mais fácil você sempre tinha certeza de que tudo aconteceria em perfeita ordem, porque sempre fora assim.

Conflitos e perturbações não faziam parte de sua experiência naquela realidade, porque lá essas coisas não existem. Lá, as correntes de amor e energia são tão poderosas que forças de oposição não podem existir, portanto não são capazes de criar atrito. No caminho mais fácil a paz é o estado subjacente e a harmonia é uma constante. Simplesmente não há nada além de paz e harmonia.

No lar de sua origem nunca houve necessidade de cura, porque lá não existem feridas e doenças. A doença simplesmente não pode existir no caminho mais fácil! (No entanto, voltar a essa realidade quando se saiu dela é uma cura, porque seu estado poderoso e magnético de integridade nos coloca em sintonia com a integridade inata que sustenta nossa própria constituição.)

Naquela realidade, a alegria era sua emoção predominante. No caminho da felicidade, calma e contentamento estavam no nível mais baixo do espectro emocional, e felicidade total, no nível mais alto. Em seu lar original, você sentia todos os tipos de alegria porque seguia seu Espírito, confiava e se orientava pelo Desígnio da Harmonia, mantinha sua vibração nos níveis mais elevados e amava a vida e os prazeres infinitos a serem desfrutados. Sua capacidade de alegria era ilimitada.

Sim, esse era o seu mundo — seu caminho fácil e bem-aventurado, a única realidade que você conhecia.

Um dia, porém, você desejou um novo tipo de aventura, capaz de ampliar sua experiência. E assim fez uma escolha que o levou para um caminho diferente, totalmente estranho a você. Nesse caminho as coisas são difíceis e é comum haver conflito e dor. É considerado normal lutar pelo que se deseja e contra o que não se deseja. Nesse mundo, a luta é festejada — nesse caminho mais difícil. Nele, em vez de saber que tudo fluirá, os seres humanos acreditam que precisam nadar contra a corrente e *fazer* as coisas acontecerem.

Eles acreditam que precisam trabalhar arduamente e fazer sacrifícios para ter suas necessidades atendidas — *quando* acreditam que elas possam ser atendidas. Eles entendem que nunca existe o suficiente para todos e que é preciso lutar para garantir seu quinhão. Acreditam que existem forças contrárias e que os outros seres humanos estão ali para persegui-los. Que precisam adiar a alegria e a liberdade até terem alcançado certos objetivos. Acreditam que, para sobreviver, precisam fazer coisas que não estão de acordo com sua verdadeira natureza e não promovem sua alegria.

É isso o que se aprende no caminho da dificuldade e é por esse código que os seres humanos vivem suas vidas. Você também aprendeu esses conceitos. Sem perceber, você foi aprisionado por eles, ficando cada vez mais alinhado a esses hábitos que esgotam a sua existência, em vez dos hábitos de sua origem, que a engrandecem.

Dessa forma, tendo abandonado seu caminho harmonioso, cheio de abundância, bênçãos e facilidade, você se encontrou no meio do "insuficiente", "nada se ganha sem esforço" e "se você não tiver que se esforçar para conquistar algo, é porque não vale a pena". Embora as lembranças do caminho mais fácil ainda estejam dentro de você, elas começaram a desaparecer à medida que você assimilou essas estranhas ideias.

Como pode ver, no caminho mais difícil você estava — e está — totalmente fora de sua zona de conforto: o proverbial peixe fora d'água. No entanto, com a ajuda dos outros habitantes dessa estranha realidade, com o tempo você se torna cada vez mais aclimatado e passa a acreditar que a sobrevivência o obriga a adotar os dogmas e os hábitos desse outro caminho, quando nada poderia estar mais longe da verdade.

Embora no passado você tenha vivido mergulhado em um reino de alegria e satisfação, agora se encontra imerso em um domínio de luta e frustração, tendo apenas vislumbres de alegria. Logo você esquece completamente sobre o caminho mais fácil e que *escolheu* sair dele, portanto, que pode escolher voltar.

Aprisionado como está agora no caminho mais difícil, sua vida se resume a resolver problemas e sobreviver ao estresse. Em vez de viver com o bem-estar derivado da convicção de ser totalmente apoiado pelo Desígnio da Harmonia, como era no passado, você se sente desamparado, alinhado ao Desígnio da Desarmonia, consequentemente *experimentando* a desarmonia e a doença.

Você certamente conseguiu a experiência nova que desejou! No entanto, agora que já conheceu bastante a vida no caminho mais difícil, talvez você esteja preparado para se libertar da armadilha que criou para si mesmo. Talvez já esteja pronto para viver uma vida mais tranquila novamente. Se esse for o caso, tenho uma notícia maravilhosa!

É hora de redescobrir o caminho mais fácil, a realidade de suas origens — a condição em que você não se limita a sobreviver, você *floresce*. É hora de voltar para casa, para a realidade onde você é totalmente apoiado por ser você mesmo, e fazer o que está de acordo com os desejos do seu coração. É hora de voltar para a realidade em que tudo funciona sem que você precise suar — a menos que você queira.

É hora de reaprender a deixar que o fluxo das forças universais traga sem esforço tudo o que você precisa e deseja. É hora de experimentar a harmonia como alicerce e de se sentir apoiado pelo Desígnio da Harmonia novamente. É tempo de experimentar o verdadeiro poder que só o caminho mais fácil pode lhe dar. É tempo de lembrar que escolher o caminho mais fácil é uma decisão que se pode tomar a qualquer momento, e que se você escolher voltar para o caminho mais difícil, deverá reconhecer que isso é uma *decisão*, e não uma necessidade.

É tempo de recuperar sua vida de conforto e alegria. Mesmo que você tenha abandonado o caminho mais fácil, ele ainda existe como existia no primeiro momento da criação e está sempre pronto para recebê-lo de volta ao lar.

O caminho mais fácil está chamando. Venha! Eu serei a sua guia!

**Eu escolho viver no caminho mais fácil,
onde tudo é simples.**

1

A redescoberta do caminho mais fácil

Acorde! Acorde! Tenho uma notícia sensacional! Finalmente está na hora de voltar para o caminho mais fácil!

Há muito tempo você adormeceu e se viu no caminho mais difícil, esquecendo que podia escolher um caminho onde sua vida é fácil e cheia de alegria. Você tem passado a maior parte de sua existência em um território de luta, conflito e preocupação, sem perceber que isso não é necessário. No entanto, agora é hora de redescobrir o extraordinário caminho de suas origens e lembrar que você pode optar por estar lá novamente.

Embora você — como o resto da humanidade — tenha praticamente esquecido tudo sobre aquele caminho, a realidade chamada "caminho da felicidade" é eterna. Esse caminho existe como tal desde antes do alvorecer da existência humana e continua tão vital e poderoso como sempre. Ele tem estado constantemente disponível e acessível a todo ser humano (e isso inclui você). No entanto, como você o esqueceu e não sabe como voltar a ele, é como se não existisse, a não ser naqueles momentos em que você escorrega para dentro dele sem perceber.

Basicamente, *ele* nunca foi embora — *você* foi!

Contudo, por mais tempo que você tenha passado fora, o caminho mais fácil espera que você se lembre dele. Quanto mais indivíduos preferirem esse caminho, mais harmoniosa e alegre será a vida no planeta Terra, portanto acredito que estamos recebendo uma ajuda extraordinária para nos lembrarmos dele. Como você poderá ver quando tomar conhecimento da minha história pessoal de redescoberta do caminho mais fácil, que vou contar neste capítulo, ele está *totalmente pronto* para seu retorno e aparentemente tem agentes invisíveis decididos a nos ajudar a lembrar disso!

Eu certamente precisei de ajuda. Gostaria de lhe assegurar de cara que o fato de ser eu a lhe trazer notícias sobre o caminho mais fácil não significa que eu seja um ser humano extremamente raro, que conseguiu permanecer nele durante toda a vida, sem jamais perder o rumo. De forma alguma. Acho que apenas estava madura para voltar a ele e a Inteligência Divina sabia que eu era alguém que jamais guardaria em segredo uma descoberta tão surpreendente!

Estou certa de que assim como você, passei uma grande parte da minha vida fora do caminho mais fácil. Honestamente, ainda me descubro no caminho mais difícil com mais frequência do que gostaria, embora com *muito menos* frequência do que antes de ter despertado para a existência daquele caminho ideal e ter escolhido segui-lo! Na verdade, parece que minha insistência inconsciente em permanecer no caminho mais difícil em determinado momento foi o que despertou a lembrança do caminho mais fácil.

Agora vou contar minha própria história de redescoberta do caminho mais fácil para que você possa ver como é possível sair depressa e sem esforço do caminho mais difícil e voltar a seu oposto, mesmo depois de uma longa ausência — e mesmo quando temos todos os motivos para acreditar que as coisas estão tão complicadas que certamente *não podem deixar* de ser complicadas!

Um sussurro divino

Fui lembrada do caminho mais fácil, devidamente, no momento mais adequado possível para estar receptiva a isso: quando estava muito, *muito* longe dele. Às 4 horas da manhã — àquela hora em que acordamos e começamos a pensar na montanha de obrigações à nossa espera, mas ainda é cedo demais (as pessoas normais ainda estão dormindo) para tomar medidas práticas para lidar com o que está nos causando preocupação, portanto você se limita a continuar deitada, cheia de ansiedade. Aposto que você já passou por isso.

Na noite anterior, meu marido, Rick, e eu havíamos acabado de decidir instalar em nossa garagem uma piscina infinita — uma pequena piscina com uma corrente contra a qual se pode nadar. Tínhamos conversado com o instalador, planejado a logística e definido um cronograma. Tínhamos motivo para festejar — um sonho estava sendo realizado depois de eu ter passado quase vinte anos desejando uma piscina, e agora estava *precisando* de uma por causa de problemas no joelho. No entanto, tratava-se de muito mais do que simplesmente instalar uma pequena piscina na garagem!

Não vou detalhar a imensa lista de tarefas que precisaríamos orquestrar, de coisas que precisaríamos mudar de lugar, escavar, limpar, construir, instalar e pagar. Era uma iniciativa colossal, que exigia o envolvimento de inúmeros profissionais, inclusive especialistas em concretagem, empreiteiros, eletricistas etc. E tudo isso precisava ser perfeitamente coordenado para que o local estivesse preparado antes que a piscina chegasse para ser instalada, pois seria cobrada uma multa considerável se não estivesse tudo pronto. Fale-me de pressão!

Havia ainda toda uma pilha de fatores adicionais, inclusive um inverno rigoroso (estávamos em Denver, Colorado, no final de janeiro de 2007, com o solo gelado e coberto por 30 centímetros de neve compacta) e a necessidade de coordenar a instalação da piscina com uma série de outras benfeitorias que já havíamos planejado fazer na casa. E não posso deixar de mencionar que a garagem guardava duas dúzias de caixas de livros, nossa coleção bem grande de equipamentos e suprimentos para jardinagem, além de um monte de cacarecos acumulados durante anos, que deixamos ali porque não sabíamos o que fazer com eles.

Imagine a tarefa avassaladora — onde iríamos colocar toda aquela tralha? Com meus problemas de mobilidade e os compromissos de trabalho de Rick, como conseguiríamos remover tudo aquilo para que os empreiteiros pudessem começar? E por falar em empreiteiros, onde encontraríamos os profissionais certos?

Minhas experiências passadas com prestadores de serviço demonstraram que não são muitos os que estão interessados em tarefas pequenas, portanto eu temia profundamente não encontrar alguém que se mostrasse disposto a fazer o trabalho, sem falar em entrevistar diversos empreiteiros para tentar conseguir o melhor preço com a maior qualidade, além de organizar tudo para que as tarefas fossem feitas na sequência correta e dentro do prazo. Imagine minha ansiedade por ter de coordenar tudo isso, somada à necessidade perfeccionista de ter tudo feito da melhor forma, e você terá alguma noção do meu estado mental quando me deitei naquela noite.

Fui para a cama extremamente tensa, depois de ter preenchido alguns pedidos em uma empresa na internet sobre a qual eu havia recebido dias antes um e-mail promocional. A empresa se propunha a reunir o contratante com empreiteiros selecionados da mesma região. Eu não tinha muita confiança nisso, mas pelo menos era uma forma de sentir que estava fazendo alguma coisa, embora fosse tarde da noite. Planejei começar a difícil tarefa de pegar a lista telefônica e fazer ligações no dia seguinte.

Tal como era meu hábito de ave noturna, fui me deitar em torno das 2 da manhã e acordei às 4 com tudo isso em mente. Enquanto estava ali, deitada, com a cabeça a mil, tentando desesperadamente vislumbrar como poderia fazer tudo acontecer do jeito certo, ouvi uma voz interior gentil e amorosa, porém firme, dizer o que agora sei que foram as palavras mais sérias que já escutei: "Julia, você *podia* escolher viver no caminho mais fácil, onde tudo é simples."

Caminho mais fácil? Isso sugeria um oásis refrescante no meio de um vasto deserto. Algo dentro de mim disse "sim!".

Mentalmente exausta com tanta preocupação e privação de sono, não quis questionar ou analisar o que ouvi. Entendi que poderia muito bem deixar para lá, já que não parecia estar chegando a lugar algum. "Por que me preocupar?" pensei. Parecia que não havia nada a perder.

Então eu disse: "OK, eu escolho viver no caminho mais fácil, onde tudo é simples." Virei para o outro lado, relaxei, caí imediatamente no sono e dormi na mais completa paz.

Despertar em uma realidade totalmente nova

Quando acordei no meio da manhã e cheguei à minha mesa de trabalho, já tinha esquecido tudo sobre o caminho mais fácil. Incrivelmente, no entanto, eu havia recebido e-mails e ligações telefônicas de diversos profissionais para cada tarefa que precisava ser feita. Embora eu tivesse esquecido o caminho mais fácil, tudo indicava que ele não tinha me esquecido! As coisas se encaixavam com uma fluidez sem precedentes na minha experiência, e ficou claro que algo diferente estava ocorrendo.

Não precisei correr atrás de pessoas que quisessem fazer os trabalhos; havia uma abundância de interessados dispostos a isso! Conversamos com o primeiro empreiteiro que nos procurou para fazer a concretagem e não só gostamos muito dele, mas ele e sua equipe também estavam loucos para começar imediatamente. Além disso, embora tivesse respondido a nossa solicitação para concretagem, ele fazia todo tipo de trabalho de construção.

À exceção da parte elétrica, a equipe dele era capaz de fazer tudo de que precisávamos, inclusive a carpintaria. Talvez o mais surpreendente tenha sido o fato de que o empreiteiro estava *tão* ansioso para começar que, para acelerar as coisas de modo que eles pudessem avançar com o trabalho, ofereceu-se para fazer seu pessoal remover *sem custo* para nós todo o entulho de nossa garagem — o que não era uma tarefa simples, por causa dos livros que precisavam ser levados para o porão! No primeiro dia, eles esvaziaram a garagem em trinta minutos e nem sequer ficaram suados.

Caminho mais fácil? Eu estava começando a entender o conceito.

Naquele dia, enquanto eu estava falando ao telefone com meu webmaster, a mágica do caminho mais fácil tornou a acontecer. Eu havia pedido a ele para acrescentar material à minha página na internet, algo um pouco fora do comum. Ele não sabia como fazê-lo e eu percebi que ele esperava encontrar dificuldades, portanto falei sobre o caminho mais fácil e o convidei para ir lá.

Quando acabei de falar, a resposta foi um silêncio total. Achei que talvez ele não tivesse escutado ou tivesse desprezado o que falei. No entanto, depois de alguns segundos ele respondeu com alguma incredulidade: "Imagine! Encontrei o código para fazer o que você quer e já fiz! Fácil assim!" Ele tinha aceitado meu convite para seguir o caminho mais fácil. Fiquei fascinada. Adorei descobrir que não era algo com que só eu conseguia entrar em sintonia.

Naquela tarde, na hora do trânsito pesado, fui à minha loja favorita de produtos naturais, localizada em uma avenida muito movimentada. Na saída do estacionamento existe uma placa de "proibido virar à esquerda", e meu caminho para casa é para a esquerda. Em geral costumo virar à direita na saída do estacionamento, entrar na primeira rua à direita, que é uma subida bem íngreme, e depois virar na próxima à direita, o que me deixa em uma rua vizinha à avenida principal em que preciso entrar à direita para chegar a minha casa — uma volta um pouco longa, mas em geral tranquila.

Tivemos um inverno especialmente rigoroso em Denver, contudo, e em muitas das ruas das vizinhanças a neve não tinha sido removida mesmo depois de várias nevascas, ficando cheias de buracos e gelo. Também havia nevado na noite anterior, portanto eu sabia que meu percurso habitual em torno do quarteirão seria traiçoeiro. Comecei a me preocupar e imediatamente me contive. Falei: "Eu escolho viver no caminho mais fácil, onde tudo é simples. Chegar em casa vai ser moleza!"

Dentro da loja, fazer compras foi agradável e tranquilo. Na hora de pagar, o total das minhas despesas foi US$ 88,88. Adoro números mestres e considerei aquilo um aceno da espiritualidade. Quando deixei a loja, estava preparada para encontrar um caminho alternativo para casa em meio ao trânsito e às ruas geladas. No entanto, quando estava saindo do estacionamento, olhei para as duas direções e *não havia nenhum carro à vista*! Às 17h30, em uma avenida de sete pistas usualmente engarrafada, em uma área metropolitana importante e na hora do rush, não havia o menor trânsito.

Essa era uma experiência completamente nova para mim e definitivamente *uma coisa do outro mundo*. De fato, eu estava em outro mundo! Portanto, fiz o que imaginei que faria qualquer um que recebesse um presente como esse, embora fosse uma ação desestimulada (mas não ilegal) no caminho mais difícil. Entrei para a esquerda, o que era claramente sancionado pelo caminho mais fácil, e voltei para casa em tempo recorde e sem qualquer problema.

Eu estava começando a me sentir confortável naquele caminho novo.

Uma solução universal para todos os problemas

À medida que me lembrava de seguir o caminho mais fácil nos dias e semanas seguintes, comecei a ver que essa escolha funcionava em todas as situações e que o ideal era viver a vida toda naquele caminho. No entanto, o hábito de seguir o caminho mais difícil está arraigado, portanto precisava optar pelo caminho mais fácil sempre que percebia que estava fora dele, o que era frequente.

Por mais frustrante que fosse reconhecer a cada momento que estava de volta ao caminho mais difícil, eu estava grata por agora pelo menos saber que tinha escolha! À medida que exercia essa escolha com mais frequência, minha experiência geral de vida começou a ser mais harmoniosa, alegre e... fácil!

Coisas que percebia estarem estagnadas antes pareciam estar novamente se movendo. Minha criatividade estava aumentando muito, e quando eu me lembrava de seguir o caminho mais fácil, sentia-me empolgada com as atividades de escrita, ensino e outros projetos criativos, em vez de me debater com eles, e conseguia perceber que estavam causando uma diferença maior na vida de outros. Parecia que uma grande quantidade de energia estava sendo liberada devido ao fato de eu estar mais relaxada e menos preocupada. E com certeza a preocupação era um dos meus hábitos.

Pouco tempo depois de ter descoberto o caminho mais fácil e experimentado sua mágica em organizar as coisas de maneira a aumentar o conforto e a alegria, além de aliviar preocupações, minhas duas queridas enteadas mais novas estavam em nossa casa. A caçula das duas, Claire, que ainda não podia dirigir, tinha ido a uma atividade na escola; a segunda, Wendy, que dirigia a menos de um ano, estava em nossa casa.

Claire ficou de telefonar quando precisasse ser apanhada na escola, e como Wendy pretendia voltar para a casa da mãe, onde elas moravam, no mesmo horário, foi combinado que Wendy pegaria Claire e as duas voltariam juntas, para que Rick não precisasse sair.

Ainda havia gelo nas ruas e eu estava um pouco preocupada pelo fato de Wendy ter que dirigir mais do que a curta distância para casa, mas ela havia nascido no Colorado, e na autoescola recebera instruções e treinara em condições extremas, portanto tentei me apegar a isso e não me preocupar. Gostaria de dizer que eu estava em paz com a situação, mas seria um exagero.

Então, Claire não telefonou quando eu achei que fosse e fiquei mais preocupada. Além disso, vendo que Wendy estava cochilando enquanto esperava, fiquei ainda mais aflita com a ideia de mandar uma adolescente sonolenta dirigir à noite em ruas cobertas de gelo para buscar a irmã.

Quando eu estava a ponto de insistir para que Rick fosse à escola buscar Claire, me surpreendi remoendo problemas e me lembrei do caminho mais fácil. Disse a mim mesma que ficasse calma. Pensei: "Eu escolho viver no caminho mais fácil, onde tudo é simples." Imediatamente comecei a me sentir melhor e esperei que a solução se apresentasse.

Alguns minutos depois o telefone tocou, e era Claire: "Por favor, diga ao papai que ele não precisa vir me buscar. Mamãe está aqui e vai me levar para casa."

Caminho mais fácil.

É sua vez de escolher o caminho mais fácil!

Ao organizar projetos grandiosos, resolver problemas aparentemente impossíveis ou ainda lidar com questões triviais e corriqueiras como problemas de segurança, preocupações em geral e simples questões de conveniência, ficou claro para mim que escolher o caminho mais fácil é com certeza a melhor maneira de agir. E isso fica mais evidente a cada dia.

No decorrer deste livro, você vai conhecer muitas outras experiências do caminho mais fácil, minhas e de outras pessoas que também o descobriram. Espero que muito breve você tenha as suas próprias histórias também! Sou uma das relações públicas dele, encarregada de garantir que você chegue lá.

A vida é fantástica quando você escolhe o caminho mais fácil e estou ansiosa para que você o redescubra e experimente. À medida que avança com sua recordação daquele caminho, saiba que ele está pronto para seu retorno e para que você possa viver a vida como ela foi originalmente planejada para você — com facilidade e alegria.

Agora que você sabe que ele te espera, gostaria de ter a chave do caminho mais fácil? Você está com sorte. No próximo capítulo vou lhe dizer onde encontrá-la!

*Eu escolho viver no caminho mais fácil,
onde tudo é simples.*

2

A chave do caminho mais fácil

Como você pode notar ao ler o relato de minhas primeiras aventuras no caminho mais fácil, voltar para lá é um processo extremamente simples. Deve ser um alívio se você, como tantos de nós, imaginou que fosse preciso aprender algum tipo de técnica especial e complicada para ser capaz de destrancar a porta que leva à bem-aventurança! Você não precisa acender velas, queimar incenso, acalmar a mente, ir a um lugar especial, nem sequer estar equilibrado — embora certamente nada disso seja prejudicial.

Chegar ao caminho mais fácil é um processo simples; não há a menor necessidade de estar em alguma espécie de estado rarefeito ou elevado para isso. Onde quer que você esteja de forma consciente, alcançar aquele mundo é uma questão de escolha, de dizer algumas palavras-chave e respirar fundo.

Está no máximo do estresse? O caminho mais fácil espera por você. Se vê em uma situação difícil? A porta para aquele mundo está aberta. Desanimado? Confuso? Exausto? Apenas cansado do caminho mais difícil? O capacho que dá boas-vindas está na porta. Você pode entrar no caminho mais fácil imediatamente, esteja onde estiver e sempre que perceber a necessidade de ir para lá.

Agora, vamos à chave.

As palavras mágicas que abrem a porta do caminho mais fácil

Sempre que sentir o desejo de se mudar para o caminho mais fácil, reforce sua escolha dizendo uma frase específica. Assim como Ali Babá abria a caverna dos tesouros pronunciando as palavras "Abre-te, Sésamo", quando estiver pronto para entrar no caminho mais fácil, diga as "palavras mágicas" que constituem o que chamo de invocação daquele caminho.

Essa invocação foi a frase que eu disse quando ouvi o sussurro divino sobre o qual falei no capítulo anterior: "Eu escolho viver no caminho mais fácil, onde tudo é simples."

Basta pronunciar esta fórmula, seja em voz alta ou mentalmente, e está feito: a porta está aberta!

Cruzar a porta

Entretanto, para cruzar essa porta e entrar no caminho mais fácil existem algumas ações muito simples, porém extremamente importantes, que você deve executar: *respirar, relaxar, aceitar e desfrutar.* É muito, muito fácil.

Isso é tudo o que você precisa saber. No entanto, a título de diversão, vamos examinar os diversos elementos do processo para que possamos entender o significado e o propósito subjacente a cada parte, começando pela invocação "Eu escolho viver no caminho mais fácil, onde tudo é simples."

"EU ESCOLHO"

Embora à primeira vista essas palavras possam não parecer muito significativas, elas são uma parte muito importante da invocação do caminho mais fácil, principalmente se ele é novidade para você. Dizer "eu escolho" significa que sua mente consciente percebe que está fazendo uma escolha e demonstra essa intenção. Ela está anunciando que concorda em abandonar o caminho mais difícil e está decidida a parar de tentar "exercer controle", para que dessa forma você possa seguir a vida no caminho mais fácil. (Mais adiante falaremos sobre sua mente e a relação dela com o caminho mais difícil.)

Depois que você já estiver habituado a se mudar para o caminho mais fácil, poderá parar de dizer "Eu escolho" e limitar-se a declarar "Eu vivo no caminho mais fácil, onde tudo é simples". Às vezes, podemos realmente sentir que essa é a fórmula adequada. Eu a utilizo quando me sinto ousada! Contudo, por enquanto mantenha a expressão "Eu escolho" no início da invocação. Pelo menos no princípio é vital que você esteja inteiramente consciente de que está tomando uma decisão voluntária ao mudar para o caminho mais fácil.

"VIVER"

Essa palavra também parece bastante óbvia. Talvez você queira saber se pode substituí-la por outro verbo, como "dirigir" — "Eu escolho *dirigir* no caminho mais fácil, onde tudo é simples", ou "Eu escolho *ficar curado* no caminho mais fácil, onde tudo é simples", ou ainda "Eu escolho *preparar o jantar* no caminho mais fácil, onde tudo é simples".

Bem, você pode. Com certeza. Porém, no começo, aconselho o uso do verbo "viver", porque isso significa que você está decidido a se mudar total e completamente para dentro daquele caminho. Esse verbo cobre todas as bases, inclusive dirigir, ficar curado e preparar o jantar. E quando você entender completamente o que é o caminho mais fácil, perceberá que realmente *vive* lá, em vez de habitar o caminho mais difícil, onde a vida é constantemente sabotada.

Além disso, a experiência pessoal me mostrou que as palavras que me foram fornecidas no momento mágico em que recebi a primeira informação sobre o caminho mais fácil não são aleatórias: são as mais poderosas.

Se preferir alguma coisa mais próxima da atividade que vai executar, você pode experimentar a fórmula: "Eu escolho viver no caminho mais fácil, onde tudo é simples, inclusive dirigir." (Ou me curar, preparar o jantar ou qualquer outra situação.) Descobri que isso funciona muito bem para mim.

"NO CAMINHO MAIS FÁCIL"

Quando você verbaliza o nome do caminho mais fácil, essa declaração confirma a existência de um domínio para o qual você está se movendo e ratifica que você passará a operar naquele domínio. Isso o prepara para uma mudança no seu sentido de localização. E o caminho mais fácil realmente é outro lugar. Tal como discutiremos em detalhes no próximo capítulo, trata-se de uma realidade paralela — uma realidade que existe em uma frequência vibratória mais elevada e que é simultânea e adjacente ao caminho mais difícil.

Já a partícula "no" da expressão "no caminho mais fácil" nos diz que estamos a ponto de ser abrigados em uma realidade diferente. Vamos ser acolhidos e envolvidos por ela. Que sentimento maravilhoso!

"ONDE TUDO É SIMPLES"

A expressão "onde tudo é simples" descreve a verdadeira natureza do caminho mais fácil. Para a mente lógica essa expressão é a cobertura do bolo, porque fornece a *razão* para escolhermos o caminho mais fácil e a mente consciente sempre parece precisar de um incentivo para fazer qualquer coisa, principalmente quando se trata de mudar o *status quo*.

Você pode chamar esse trecho de "gancho" que torna o caminho mais fácil uma opção atraente. Naturalmente, quando escolhe viver naquele caminho você já está bastante motivado, pois, se precisa escolhê-lo, é porque está no caminho mais difícil!

Preparar, apontar, já!

Agora, junte tudo e pronuncie as palavras mágicas: "Eu escolho viver no caminho mais fácil, onde tudo é simples."

Ao fazer isso, você chega lá!

Bem-vindo ao caminho mais fácil! Pode entrar!

As ações do caminho mais fácil

Para entrar no caminho mais fácil, para realmente *estar lá* e experimentar sua mágica, é preciso fazer algumas coisas muito simples e naturais que o ajudarão a trazer todo o seu ser para dentro daquela realidade e vão garantir que você não voltará ao caminho mais difícil.

RESPIRAR...

Assim que pronunciar a invocação, respire fundo, deixe o ar circular por seu corpo e em seguida deixe-o sair, levando com ele toda a tensão e o excesso de energia que você captou no caminho mais difícil. Basta deixá-lo fluir diretamente para fora. Enquanto continua a respirar, imagine que você está inspirando o ar delicioso do caminho mais fácil e deixe que ele o encha com sua energia.

RELAXAR...

Agora você estará em uma condição de relaxamento. Deixe de lado conscientemente qualquer estresse físico e mental remanescente ou resistência a que possa estar aferrado. Liberte-se de suas preocupações — apenas remova a energia delas. Faça de conta que está deixando sair toda a rigidez de seus músculos, ficando tão flexível quanto possível.

Deixe a mente vazia por um segundo — como se estivesse trocando a marcha do carro e passasse pelo ponto morto — de modo a ficar disponível para ser realinhado pela poderosa força magnética do Desígnio da Harmonia. Sinta esse desígnio facilmente atraí-lo para ele. (Falaremos mais sobre isso no próximo capítulo.)

ACEITAR...

Aceitar é o verdadeiro cerne do caminho mais fácil. É o aspecto isolado mais importante de sua experiência naquele caminho, já que sem aceitação você não estará lá, mas de volta ao caminho mais difícil. Aceitar significa não só deixar de lado toda resistência à poderosa atração do campo de força do caminho mais fácil, mas também não estar mais tentando interferir mentalmente na atuação das forças universais alinhadas ao Desígnio da Harmonia.

Significa que você não está mais tentando entender as coisas, fazê-las acontecer ou controlá-las de algum modo. Significa que você autoriza as forças universais inteligentes que operam harmoniosamente em benefício do seu completo bem-estar a realizarem sua mágica e resolverem tudo sem que você precise *fazer* funcionar.

Isso, é claro, requer que você acredite que as coisas acontecem de forma ainda melhor, e certamente mais rápida, se você não interferir e parar de tentar controlá-las continuamente. Essa fé será reforçada desde a primeira vez que você realmente relaxar, aceitar e perceber como tudo funciona perfeitamente sem sua interferência.

Como estamos tão habituados a *tentar* fazer as coisas acontecerem — tão presos a nossos hábitos de comportamento controlador — podemos descobrir que "aceitar" se tornou uma atitude estranha para nós e que precisamos reaprendê-la. Este é o único elemento com potencial de desafio quando escolhemos o caminho mais fácil; contudo, acredito que com a prática você conseguirá. Basta fazer sua escolha e levar essa decisão para o caminho mais fácil junto com você.

DESFRUTAR

O ato de desfrutar é a recompensa que recebemos por escolher o caminho mais fácil e também é a chave para permanecermos lá. Quando entramos naquele mundo e deixamos que ele opere sua mágica em nosso benefício, o prazer é automático, porque a ausência de dificuldade e a alegria são parceiros inseparáveis.

Se estiver desfrutando, com certeza você estará no caminho mais fácil, porque esse sentimento é uma função exclusiva daquele caminho. Talvez você ache que experimentou prazer no caminho mais difícil, mas se você estivesse realmente desfrutando, teria escorregado sem perceber para o outro caminho! Quando a satisfação acabou, foi nesse momento em que você voltou ao caminho mais difícil.

A parte da equação correspondente a "desfrutar" não é só um sinal de que você está no caminho mais fácil, mas também é um facilitador da permanência lá. Por virtude da lei da atração, o estado vibratório em que nos encontramos quando estamos vivenciando alegria é um ímã para tudo o que combina com aquela alegria. Portanto, sentir alegria revela que você está criando mais alegria e bem-estar. Felicidade gera felicidade.

E veja a mágica ser realizada

Na verdade, existe mais um elemento envolvido nas ações do caminho mais fácil: "...e veja a mágica ser realizada!" Uma vez naquele caminho, é exatamente isso que você pode fazer! É a instrução que você costuma encontrar imediatamente após "respirar... relaxar... aceitar... desfrutar..." Quando eu estava criando o visual da página do caminho mais fácil na internet, essa frase me foi fornecida pela mesma inteligência que me instruiu a incluir as ações do caminho mais fácil nas instruções para chegar lá.

Essa expressão em particular desempenhou um papel primordial para me capacitar a chegar ao caminho mais fácil no momento em que realmente precisava, portanto experimentei seu poder singelo.

Rick e eu estávamos no carro a caminho de casa, voltando de nossas férias de verão anuais no lago Michigan, quando entramos em uma gigantesca tempestade elétrica. (Vou falar mais sobre nossas viagens a Michigan. Elas sempre parecem provocar aventuras de caminho mais fácil — além de tempestades!) Tinha sido um longo dia dentro do carro e estávamos decididos a chegar a Omaha, em Nebraska, onde havíamos reservado um hotel. Chegar lá significava que teríamos uma viagem curta no dia seguinte (de nossa casa de veraneio em Michigan à nossa casa em Denver é uma viagem de 2.300 km, que planejamos percorrer em dois dias). Estávamos correndo risco com o hotel — o preço era irrisório e eles permitiam animais. Não precisava ser um palácio, bastava ser limpo e confortável.

Enquanto dirigíamos pelo oeste de Iowa depois do pôr do sol e ainda a 200 km de distância de Omaha, vimos uma tempestade elétrica à nossa frente, exatamente na direção em que íamos. Quanto mais nos aproximávamos, mais dramática parecia a cena. Era uma visão magnífica, com raios gigantescos cruzando o céu noturno. Às vezes eles pareciam emaranhados, meia dúzia de raios ou mais caindo ao mesmo tempo sobre o mesmo local. Eu nunca tinha visto nada parecido. Os relâmpagos iluminavam toda a paisagem, de norte a sul, até onde podíamos enxergar.

Enquanto o lado iluminado de minha personalidade apreciava a grandiosidade do espetáculo, meu instinto e meu lado assustado e preocupado estavam ficando extremamente tensos enquanto avançávamos em direção à tempestade. Eu não conseguia deixar de imaginar ciclones, inundações e outras catástrofes associadas às tempestades. Para completar, percorríamos uma parte da estrada que estava em manutenção. As seis pistas tinham sido reduzidas a duas pistas em mão dupla, situação agravada por barricadas, caminhões, chuva pesada e baixa visibilidade.

Invoquei o caminho mais fácil e decidi tentar expressar gratidão e admiração pela tempestade, por nossa segurança e por todo o resto. Isso ajudou muito, mas a parte primitiva do meu cérebro, preocupada com a sobrevivência, continuava a disparar o sinal de perigo, e meu corpo ficava mais tenso a cada minuto. Embora quisesse, não consegui chegar ao caminho mais fácil. Repeti a invocação muitas vezes, mas não foi suficiente.

No exato momento em que senti que estava realmente me fechando novamente no medo e na resistência, passamos por um elegante outdoor (será que isso é um paradoxo?) com a foto de uma borboleta e o dístico "Veja a mágica acontecer!".

Fiquei atônita! Ali, na zona rural de Iowa, o slogan do caminho mais fácil! Em letras menores, na parte inferior do outdoor, estavam as datas de uma nova exposição de borboletas no zoológico de Omaha. Para as outras pessoas aquilo poderia ser apenas a propaganda de uma exposição, mas para mim era uma clara mensagem do caminho mais fácil para me lembrar de que não bastam palavras para nos levar àquele mundo, ações também são necessárias.

Eu estava em um estado de resistência tão intenso que havia me esquecido de respirar, relaxar, aceitar, desfrutar e ver a mágica acontecer! Depois desse lembrete da divindade, concentrei-me nas ações do caminho mais fácil, e enquanto expirava o estresse e aceitava sem resistência que a tempestade nos mostrasse sua fúria, consegui permanecer centrada e calma, e também verdadeiramente emocionada com o espetáculo luminoso mais impressionante que já havia testemunhado. Além disso, chegamos em segurança a Omaha e encontramos um hotel delicioso à nossa espera — muito melhor do que o preço poderia indicar. Eu estava de volta ao caminho mais fácil!

Quando invocar o caminho mais fácil

Quando devemos escolher aquele mundo ideal? É provável que você saiba a resposta, mas só por segurança vou dar-lhe uma dica: você deve invocar o caminho mais fácil sempre que as condições não forem fáceis; quando não forem harmoniosas. Se tudo seguir de forma simples e harmoniosa, você está no caminho mais fácil. Se as coisas estiverem complicadas e não for possível usar a palavra "harmonia" para descrever sua condição, você não está naquele caminho.

Estamos tão habituados a dificuldades, porém, que às vezes somos incapazes de enxergar o todo por causa dos detalhes, e talvez não possamos reconhecer imediatamente os indícios de que estamos no caminho mais difícil.

Se estiver sentindo o estômago embrulhado, tiver dor de cabeça, sentir vontade de gritar com alguém, tiver vontade de chorar, mas tentar segurá-la, você não está no caminho mais fácil.

Na lista a seguir temos outros sinais de que estamos fora do caminho mais fácil. Se você estiver experimentando qualquer uma dessas emoções, ou se simplesmente não estiver feliz, você está no caminho mais difícil. Quando perceber que está lá, é preciso dizer a invocação e executar as ações do caminho mais fácil para voltar imediatamente.

- Tensão
- Estresse
- Dificuldade
- Ansiedade
- Impaciência
- Pressão
- Inveja
- Ciúme
- Dúvida
- Preocupação
- Raiva
- Desespero

- Frustração
- Irritação
- Exasperação
- Agressividade no trânsito
- Ressentimento
- Desconforto
- Pessimismo
- Desamparo
- Falta de esperança
- Sensação de estar sobrecarregado
- Dúvida de que as coisas estejam em harmonia
- Desejo de controlar outras pessoas ou situações
- Resistência de qualquer tipo

As leis do caminho mais fácil

Agora que você já sabe quando e como entrar no caminho mais fácil, preciso lhe falar da única lei daquele mundo para que você consiga se manter lá: *é expressamente proibida qualquer forma de preocupação, conflito ou disputa.*

A violação dessa lei causa a expulsão imediata — imediata mesmo! Preocupações, conflitos e disputas, além de todos os comportamentos relacionados anteriormente, nos levam diretamente para o caminho mais difícil! Esses comportamentos alimentados pelo medo simplesmente não podem existir no caminho mais fácil. Portanto, se estiver passando por isso, você saberá que já não está mais lá.

No entanto, não existe uma polícia para garantir o cumprimento da lei — a própria lei se faz cumprir. Somente você pode causar sua expulsão do caminho mais fácil. Ninguém mais tem esse poder.

Você também é quem decide a duração da própria sentença, podendo voltar para lá sempre que decidir abandonar os comportamentos ilegais.

O retorno ao caminho mais fácil é automático e acontece assim que você deixa de lado os comportamentos do caminho mais difícil e simplesmente *permite* que tudo seja fácil, como deve ser. E você vai ficar feliz de saber que, por mais longa que tenha sido a sua ausência daquele mundo, ele estará instantaneamente acessível quando se permitir voltar a ele.

Se você for expulso do caminho mais fácil e quiser voltar, basta escolhê-lo novamente. Diga as palavras mágicas "eu escolho viver no caminho mais fácil, onde tudo é simples", e então respire... relaxe... aceite... desfrute... e estará de volta!

O caminho mais fácil instantâneo

Deixe-me dar outro exemplo de como essa fórmula pode dar certo rapidamente. Recentemente troquei de operadora de telefonia móvel. Fiz o pedido pela internet e logo recebi um telefone novo e muito necessário, que deixei carregando por 24 horas. Nada mais simples. No entanto, depois de fazer isso, precisava usar o telefone e descobri que não sabia nada sobre ele. Fiquei desolada ao pensar em ter que aprender a usá-lo (Desolação! Nada pode ser mais distante do caminho mais fácil!)

Após uma leitura superficial que fiz quando o aparelho chegou, o manual me pareceu um pouco complicado. Eu certamente não estava entusiasmada com a ideia de estudá-lo. Para completar, nem sabia direito onde ele fora parar depois que o tirei da mesa para abrir espaço para o jantar no dia em que o recebi. Seria preciso procurar. Tenho que admitir que me dei por vencida mesmo sem tentar, e estava ressentida e um pouco zangada por precisar interromper meu trabalho de escrita para lidar com aquela porcaria!

Nem preciso dizer que eu não estava no caminho mais fácil. Momentos antes estivera, mas assim que comecei a pensar na perspectiva de estudar o telefone e ter que fazer alguma coisa complicada, subitamente estava de volta ao caminho mais difícil. (A última frase traz uma pista sobre uma das inúmeras maneiras pelas quais ele nos captura!)

Enquanto pensava em vencer minha resistência, procurar o manual e estudá-lo para pelo menos descobrir as funções básicas do aparelho, lembrei-me de que talvez eu pudesse encontrar instruções de uso do telefone na página do fabricante na internet. Nesse caso, talvez as instruções estivessem em um formato mais fácil de entender.

Consciente de que definitivamente não estava no lugar certo para garantir sucesso, decidi que era melhor invocar o caminho mais fácil antes de começar a pesquisa. Portanto, falei "eu escolho viver no caminho mais fácil, onde tudo é simples, até mesmo aprender a usar um novo telefone" e respirei fundo.

No mesmo instante, antes mesmo que eu pudesse terminar de soltar o ar, ouvi a notificação que comunica a chegada de um novo e-mail. Quando olhei para a tela do computador — não estou brincando — lá estava um e-mail enviado pela nova operadora de celular tendo como assunto "Sobre seu novo aparelho". Hummm...

Abri o e-mail, e veja só, ele continha um link para uma página do website da empresa. A página, intitulada "Conhecendo seu novo telefone", incluía um diagrama do aparelho e instruções muito simples e fáceis de entender sobre o uso básico dele!

Tudo o que precisei fazer foi invocar o caminho mais fácil, e aquilo de que precisava foi fornecido no mesmo instante e sem esforço.

Ah! Eu *adoro* o caminho mais fácil!

Continue a escolher o caminho mais fácil

É extremamente simples chegar ao caminho mais fácil quando seguimos as instruções. No entanto, não deixe que eu o faça pensar que não é um desafio *permanecer* lá. Como estamos habituados ao caminho mais difícil, é muito provável que você se veja saindo do primeiro caminho inúmeras vezes e voltando ao domínio de conflito a que está acostumado.

Deus sabe que eu e todos os meus conhecidos que já adotaram o caminho mais fácil também experimentamos esse fenômeno. Contudo, com a prática fica mais fácil permanecer lá. Basta continuar a escolhê-lo.

Mesmo que você ache que não poderá chegar no caminho mais fácil no estado em que está, limite-se a dizer a invocação, executar as ações e ver o que acontece. Posso apostar que você voltará ao caminho mais fácil antes do que imagina; de volta ao reino da facilidade, da alegria e das coisas que acontecem por mágica — a mágica do caminho mais fácil!

Se você sair novamente, repita a invocação tantas vezes quanto for preciso. (Se você achar que ficar lá é um grande desafio ou sentir que não está conseguindo, talvez precise experimentar algumas das recomendações do capítulo 7, "Como encontrar o caminho mais fácil no escuro".)

É verdade, para entrar no caminho mais fácil basta autorizar-se a fazê-lo. Você apenas precisa se lembrar de escolhê-lo e *continuar* a escolhê-lo tantas vezes quanto necessário. Qualquer que seja o seu desafio, o caminho mais fácil lidará com ele sem dificuldade, com eficiência e eficácia. Ao escolher o caminho mais fácil você poderá experimentar isso!

Agora que você tem a chave e sabe como é simples entrar naquele caminho, vamos dar um presentinho para o seu analista interior.

Eu escolho viver no caminho mais fácil,
onde tudo é simples.

3

O que é o caminho mais fácil?

Deixe-me garantir que você não precisa saber muito sobre o caminho mais fácil para que ele trabalhe por você. Você só precisa se lembrar de escolhê-lo. No entanto, quando algo muda sua vida da maneira como aquele caminho mudou a minha — ou quando alguém *diz* a você que algo vai mudar sua vida como eu estou lhe dizendo que acontecerá se você escolher o caminho mais fácil — a reação natural do ser humano é querer entender do que se trata.

Fico maravilhada ao ver que me basta pronunciar o mantra "Eu escolho viver no caminho mais fácil, onde tudo é simples" e relaxar para tudo acontecer sem esforço e da forma mais surpreendente. Isso é muito diferente e muito mais simples do que qualquer uma das dúzias de técnicas que aprendi e experimentei em quase trinta anos de minha dedicada viagem espiritual. Tem sido fenomenal, e minha mente analítica passou a se perguntar o que seria realmente o caminho mais fácil, e como e por que ele funciona.

Quando abri minha mente à compreensão do fenômeno, o funcionamento daquele caminho começou a se revelar para mim em toda a elegância e simplicidade de sua glória. Sendo uma professora inveterada, comecei a escrever minhas percepções sobre a questão para compartilhá-las com vocês. Portanto, para acalmar também o *seu* analista interior e dar a partida na sua pesquisa sobre a natureza do caminho mais fácil, passo a compartilhar com você meu entendimento atual sobre as estruturas e princípios desse caminho.

Meu conhecimento de física quântica é bastante superficial, e embora eu tenha certeza de que algum dia ela vai confirmar o que me foi mostrado pelo Espírito sobre o funcionamento do caminho mais fácil, minha explicação será mais metafísica do que científica!

O desígnio da harmonia

O caminho mais fácil, o notável domínio no qual prevalecem a facilidade e a alegria, é um sistema de referência da realidade — ou melhor, *o sistema de referência da realidade* — dentro do qual tudo funciona em harmonia, sem esforço, com perfeição e leveza. É a matriz de realidade que foi criada para apoiar nosso total bem-estar e nossa relação harmoniosa com a Totalidade da Criação e suas partes constituintes.

É o campo de energia dentro do qual você deve criar sua vida. Outra expressão que às vezes uso para o caminho mais fácil é "Desígnio da Harmonia", embora esse desígnio, na verdade, seja apenas o alicerce daquele mundo.

Sendo um poderoso criador, você está *sempre* criando, e o tipo de campo de energia dentro do qual você cria determina a natureza de sua criação. Como ser humano dotado de livre-arbítrio, você está sempre escolhendo de forma consciente ou, até agora, quase sempre de forma inconsciente em que campo de energia ou matriz você vai criar.

Quando você escolhe ficar presente na realidade do caminho mais fácil e cria sua vida em alinhamento com ele, o que cria é uma experiência de paz e bem-aventurança que é o resultado do fato de tudo operar em sintonia com todo o resto, como se fosse por mágica. "Mágica" é o rótulo que aplicamos aos fenômenos que acontecem sem esforço. A mágica não é nada especial no caminho mais fácil — lá ela é normal.

Quanto mais você escolher permanecer no caminho mais fácil, relaxando e permitindo que as forças inteligentes e benevolentes que operam naquela realidade trabalhem por você, quanto mais atuar somente quando estiver inspirado a agir e energizado para isso, mais experiências mágicas você terá. *Quando você escolhe o caminho mais fácil, a mágica se torna uma faceta diária de sua vida.*

No caminho mais fácil, o único requisito para receber tudo o que se deseja e precisa é *aceitar* que isso aconteça. Ponto final. Depois de uma vida passada no caminho mais difícil, isso parece mágica, não é?

O caminho mais fácil se caracteriza por uma devoção contínua pela *totalidade* em todos os níveis. Ele é formado de tal maneira que alinha tudo com o fluxo contínuo da inteligência e da força vital (ou seja, o Amor) da Fonte, coordenando perfeitamente tudo o que está dentro dele com cada aspecto da Totalidade da Criação.

A natureza do caminho mais fácil é curar, aprimorar e avivar. Quando estamos lá, compartilhamos completamente da Força Vital (Amor) e nossa totalidade, vitalidade, alegria e bem-estar são perpetuamente amparados. A natureza abrangente do caminho mais fácil garante que não haja problemas ali. O que aquele caminho faz é unir, harmonizar e vitalizar.

Sendo um caminho fortalecido pelo Desígnio da Harmonia, que continuamente equilibra tudo, não só é impossível aparecer qualquer problema naquele domínio, mas também o problema que possa surgir no caminho mais difícil é resolvido no caminho mais fácil, cuja dinâmica assegura que tudo funcione de maneira pacífica e reparadora.

Cada partícula do caminho mais fácil e cada um de seus participantes são mutuamente compatíveis, e tudo o que acontece lá está em harmonia com todo o restante, todo caminho e toda outra ocorrência em seu âmbito. Aquele caminho é formado de tal maneira que tudo o que opera em seu interior é continuamente engrandecido e sustentado no estado de máximo crescimento e bem-estar.

Quando estamos no caminho mais fácil, recebemos automaticamente toda informação, energia e motivação de que precisamos para agir com inspiração e em harmonia com o Todo. Estamos alinhados com aquilo que ampara nosso bem-estar e o bem-estar de todos. Da mesma forma, todos os outros presentes naquele caminho experimentam essa sensação.

Sua "configuração padrão"

O caminho mais fácil é imensamente poderoso e magnético. Desde que você não se oponha a ele, seu poder de atração o manterá firmemente abrigado ali, e suas experiências de vida serão caracterizadas pela facilidade.

No entanto, note a ressalva: *desde que você não se oponha a ele*. Ao longo deste livro veremos as razões e motivos pelos quais costumamos resistir ao caminho mais fácil.

Basta saber que aquele caminho é sua "matriz predeterminada", o esquema energético para o qual você retorna automaticamente quando não está no caminho mais difícil. Sendo um imenso e poderoso campo magnético, o caminho mais fácil o atrairá sempre que você permitir. Ele é verdadeiramente seu estado natural, e *quando você relaxa a mente e o corpo, sua vontade seguramente voltará para lá*. Não é maravilhoso saber disso?

Dentro ou fora — isso é e sempre será uma questão de escolha

O caminho mais fácil é anterior ao começo dos tempos. Embora nós tenhamos passado a acreditar que as dificuldades e os conflitos são uma parte integrante da experiência terrestre, a vida aqui não foi originalmente projetada para ser difícil. Na verdade, as coisas foram feitas para serem fáceis.

O que estamos chamando de caminho mais fácil é o projeto original para a vida na Terra. É o esquema energético segundo o qual os primeiros seres humanos operaram, e a experiência deles era o Paraíso, isto é, até que eles escolheram sair de lá pela primeira vez.

A literatura sagrada da maioria das religiões fala de um belo jardim cujos habitantes viviam em uma condição de felicidade e não careciam de nada. Se você conhece essa história, então conhece alguma coisa do caminho mais fácil. Nesses relatos, tudo é idílico e encantador; tudo aquilo de que se podia precisar era perfeitamente fornecido antes mesmo que qualquer um sentisse necessidade ou falta. Isso é que é facilidade!

Segundo essa história arquetípica, tudo era harmonioso e perfeito até que os residentes do jardim preferiram esquecer as orientações recebidas para a manutenção dessa vida confortável e fizeram aquilo que o Criador claramente proibiu que fizessem. O resultado é que eles imediatamente se encontraram em um mundo diferente — um mundo de dor, sofrimento e conflito. Assim nasceu o caminho mais difícil.

Vamos falar um pouco mais sobre esse acontecimento nos capítulos adiante (acredite, essa *não* é a história sobre a "Queda do Homem" que seu pai contava!), porque ele é importante para entendermos que o que fez os personagens dessa história serem exilados de sua vida tranquila é o mesmo que continua a nos convidar a sair do caminho mais fácil até hoje. E o mais importante é que podemos optar por recusar esse convite. *A todo o momento podemos escolher entre seguir o caminho mais fácil ou o caminho mais difícil.*

Basta dizer "não" ao caminho mais difícil dizendo "sim" ao caminho mais fácil

Uma das minhas experiências favoritas com o caminho mais fácil ilustra como aquele caminho sempre dispõe habilmente as circunstâncias de modo a apoiar nosso bem-estar e felicidade, *mesmo quando tudo indica o contrário*. Essa experiência mostra que mesmo quando estamos sendo continuamente convidados a sair do caminho mais fácil, sempre podemos escolher se vamos ou não aceitar esse convite.

Em setembro de 2007, Rick, eu e nossos dois cães *dachshund* estávamos viajando de nossa casa em Denver para o lago Michigan. (Essa viagem é anterior àquela que descrevi no capítulo 2.) Estávamos totalmente dispostos a passar uma temporada de duas semanas de completo relaxamento no maravilhoso chalé vitoriano de minha irmã, localizado a alguns passos da margem do lago. Meu velho pai, que vejo umas duas vezes por ano, também estaria na região, em outro chalé da família. Ia ser incrível passar algum tempo com ele também. Estávamos encantados com a viagem!

Viajávamos em nossa confiável van Honda Odissey, que tinha sido completamente revisada por um mecânico de nosso bairro na semana anterior à partida. Invocamos o caminho mais fácil e caímos na estrada no melhor dos humores, esperando encontrar apenas ventos favoráveis por todo o caminho. E foi exatamente o que aconteceu até faltarem uns 45 minutos para chegarmos ao quarto que tínhamos reservado para a primeira noite, em Atlantic, Iowa, em um hotel econômico que aceitava cães.

Nessa altura encontramos uma tempestade violenta, cujos raios iluminavam o campo de Iowa como se fosse dia. Como você já sabe graças à minha história do capítulo anterior, para mim as tempestades elétricas — principalmente na estrada, dentro de um carro e sob chuva pesada — são gatilhos do caminho mais difícil.

Embora estivesse sendo chamada para lá, tive o cuidado de permanecer sintonizada com o caminho mais fácil e consegui me manter calma e relaxada. Dirigindo devagar e com o máximo de cautela conseguimos chegar ao hotel sem incidentes, mesmo debaixo de um dilúvio. Assim que chegamos, os céus se abriram por completo, e nenhum de nós jamais tinha visto tamanho aguaceiro.

Felizmente, havíamos passado o dia no caminho mais fácil, onde é natural prestar atenção à intuição. Sem saber que aquela seria nossa última chance de levar os cachorros para dar uma volta e encher o tanque do carro sem ficarmos ensopados, havíamos parado em um posto de gasolina pouco antes de chegarmos à parte mais intensa da tempestade. Ao chegar no hotel, em pleno dilúvio, o único desafio foi tirar do carro os objetos de que necessitávamos.

Enquanto eu me acomodava e acomodava os cachorros no quarto, Rick enfrentava valente e estoicamente a chuva para pegar nossa bagagem. Embora encharcado, ele não estava infeliz — pois também estava no caminho mais fácil.

A tempestade definitivamente frustrou nossos planos de ir até a cidade para jantar, mas felizmente o hotel tinha pizzas congeladas para vender e um local para assá-las. Ficamos encantados ao ver como aquela pizza era deliciosa, porque parecia um presente dos céus. (Como já disse, o caminho mais fácil é mágico. Lá, até uma pizza barata é deliciosa!). A chuva continuou sem dar trégua. A tempestade parecia ter estacionado sobre Atlantic.

Nosso quarto tinha serviço de internet sem fio e tínhamos nossos laptops conosco, portanto decidimos visitar algumas páginas de previsão do tempo, sendo informados de que a tempestade havia realmente parado sobre a pequena cidade, despejando uma quantidade recorde de chuva em um período muito curto. A estrada por onde tínhamos passado estava parcialmente inundada e interditada. Foi bom termos chegado ao hotel na hora em que chegamos. Nós tínhamos feito piadas sobre um lugar no estado de Iowa, distante de qualquer curso d'água, ter o mesmo nome de um oceano — e agora sabíamos o porquê!

Decidi olhar a previsão para o dia seguinte e não fiquei nada feliz em ver que a tempestade que nos acompanhou até Atlantic devia seguir exatamente a mesma rota para o leste que havíamos planejado tomar, e tinha até mesmo a possibilidade de virar para o norte e subir para a praia oriental do lago Michigan, a exata rota que pretendíamos fazer.

A julgar pela velocidade da tempestade, nós a alcançaríamos pela hora do almoço e provavelmente continuaríamos a dirigir dentro dela pelo resto do dia. Percebi que eu estava começando a ficar apavorada. Dirigir na chuva definitivamente não estava de acordo com o cenário de caminho mais fácil que eu tinha planejado. De jeito nenhum.

Decidida a chegar ao chalé ao anoitecer do dia seguinte, eu estava igualmente determinada a *não* viajar na chuva. E isso parecia uma situação impossível — uma situação que eu sabia não ser capaz de entender ou controlar do nível da minha percepção comum. Só uma inteligência superior seria capaz de administrar essas intenções aparentemente opostas.

Portanto, eu disse: "Veja bem, isso simplesmente não vai funcionar. Nós *não* vamos dirigir o dia inteiro em meio à chuva e aos raios e *vamos* chegar ao chalé amanhã à noite. Entrego essa situação ao caminho mais fácil!" Então acrescentei as palavras mágicas: "Eu escolho viver no caminho mais fácil, onde tudo é simples." Imediatamente senti completa paz e caí no sono, certa de que o problema seria resolvido.

Quando acordei na manhã seguinte, o dia estava lindo e ensolarado. Os únicos indícios de tempestade eram algumas poças no estacionamento do hotel e o vapor que subia da autoestrada. Reuni nossos pertences e levei os cachorros para passear enquanto Rick arrumava a mala do carro. Terminamos exatamente na hora de partir, de acordo com nossos planos.

Tomamos café com bolinhos em nosso quarto e combinamos de parar na estrada e tomar um café da manhã mais substancial. Estávamos a apenas 160 km da encantadora cidadezinha de Newton, em Iowa, que havíamos visitado no passado e onde sabíamos que seria possível conseguir um café da manhã como desejávamos. Portanto, Rick foi colocar o que faltava de nossos pertences no utilitário, e eu estava pronta para me reunir a ele depois de dar uma conferida final no quarto.

No entanto, nossa partida foi postergada, porque o carro não pegou. Felizmente, ainda não havíamos fechado a conta do hotel e tínhamos muito tempo até a hora do check-out, portanto voltamos para o quarto e acionamos o seguro. Não deixamos que aquele incidente nos preocupasse. Era claro que alguém estava cuidando de nós. O que quero dizer é que, se alguém tem que ter problemas com o carro durante uma viagem, é melhor que isso aconteça em um lugar confortável onde se possa resolvê-lo! (*Definitivamente* tratava-se do caminho mais fácil.)

A seguradora mandou alguém imediatamente, e nossa espera durou apenas vinte minutos de conforto, durante os quais relaxamos deitados, vendo televisão. O mecânico do seguro partiu do princípio de que toda a água da noite anterior tinha feito a bateria falhar e simplesmente deu uma chupeta, afirmando que o movimento do carro recarregaria a bateria. Assim, partimos para Newton para tomar o café da manhã.

Depois de alguns quilômetros na rodovia interestadual, chegando ao coração de Newton, ficamos decepcionados ao descobrir que o restaurante onde comemos anteriormente havia mudado de dono e já não servia mais café da manhã. Diante disso, decidimos não comer e somente parar para dar aos cães a oportunidade de fazer suas necessidades. Localizamos um lugar ideal, na sombra, atrás de uns edifícios comerciais, onde havia um grande gramado e algumas árvores, o lugar perfeito para passear com os cachorros em uma manhã de verão.

Estacionamos nos fundos dos edifícios, levamos os cachorros para um passeio e voltamos para o utilitário. Rick virou a chave e... nada! Tornamos a chamar o seguro e eles disseram que mandariam alguém. Pediram nossa localização, a qual não conhecíamos bem, portanto caminhei até a frente do edifício para dizer a eles onde poderiam nos encontrar. Quase caí de tanto rir quando li a placa na fachada do edifício. Em nossa busca por um lugar onde passear com os cachorros, estacionamos sem saber nos fundos de uma loja de autopeças!

Enquanto esperávamos ajuda, sugeri a Rick ir até a loja e comprar uma bateria nova. Portanto ele foi até lá fazer isso, enquanto eu fiquei sentada na sombra com os cachorros, lendo uma revista. Ele voltou com uma bateria nova e uma história de um encontro adorável com os caras que trabalhavam na loja. É claro que estávamos no caminho mais fácil. Naquela situação, que lugar teria sido melhor para estacionar?

Depois de uma hora de espera, quando o seguro finalmente chegou, Rick, proficiente em computadores, mas nem um pouco habilidoso com qualquer coisa relacionada a automóveis, ofereceu 15 dólares (todo o dinheiro que tinha no bolso) para o mecânico instalar a nova bateria, o que ele fez alegremente. Logo estávamos de volta à estrada, muito agradecidos. Embora um pouco tristes pelo atraso na programação, havíamos permanecido equilibrados e em paz no caminho mais fácil, sem jamais deixar que o caminho mais difícil nos seduzisse, apesar de todos os convites.

O resto do dia de viagem transcorreu sem qualquer obstáculo. Nossa nova bateria funcionou perfeitamente e fizemos o trajeto planejado em um tempo excelente. Muito bom *mesmo*! Na verdade, quando liguei para o meu pai pela primeira vez para dizer que estávamos no leste de Iowa, já passava do meio-dia. Com uma distância tão grande por percorrer, inclusive pelas estradas movimentadas de Chicago e no horário de maior fluxo, ele achou que passaríamos outra noite na estrada. Ele tinha certeza de que a qualquer momento encontraríamos a tempestade e chegaríamos muito, muito tarde.

O estranho é que nunca alcançamos a tempestade. Quando paramos para comer, abastecer o tanque ou passear com os cachorros, vimos poças; de vez em quando foi preciso ligar o limpador de para-brisa por causa de algum chuvisco do final da tempestade que parecíamos estar por alcançar a qualquer momento, mas esses eram os únicos indícios da presença dela. Estava um pouco nublado o tempo todo, mas isso constituiu uma vantagem para nós, pois manteve o carro mais refrigerado e confortável do que se tivéssemos viajado sob sol forte.

Nós nos divertimos ouvindo os CDs de Garrison Keillor que Rick pegou na biblioteca e, em geral, só experimentamos harmonia e prazer. Mesmo quando chegamos a Chicago durante o engarrafamento de final de tarde em uma sexta-feira, conseguimos desenvolver uma boa velocidade durante todo o caminho e cruzamos a cidade quase sem perceber.

O percurso entre Chicago e o chalé passou muito rápido, e chegamos logo depois do pôr do sol — imediatamente após a passagem do temporal. Quando ligamos para meu pai informando que havíamos chegado, ele não acreditou que tivéssemos percorrido uma distância tão grande em tão pouco tempo.

Tínhamos conseguido permanecer no caminho mais fácil — bastando, para isso, permitir que os acontecimentos fluíssem, em vez de nos sentirmos vitimados pela ideia de que as coisas não estavam dando certo. Como agimos assim, tudo se organizou a nosso favor para que fizéssemos uma viagem tranquila e divertida, além de segura, e sem encontrar mau tempo. Se não tivéssemos atrasado a partida do hotel e não tivéssemos sofrido mais um atraso em Newton, certamente teríamos passado a maior parte do dia dirigindo dentro da tempestade.

Nossa poderosa intenção de chegar ao destino naquele dia, minha insistência em boas condições de direção, a invocação do caminho mais fácil e minha convicção de que ele organizaria as circunstâncias a nosso favor, além de nossa contínua gratidão por tudo salvaram o dia. Apesar de todos os atrasos, chegamos miraculosamente ao chalé na hora que havíamos planejado chegar antes que qualquer "obstáculo" aparecesse! Era quase assustador — como se de alguma forma tivéssemos saído e entrado de volta no tempo. *O caminho mais fácil é um reino mágico.*

Naturalmente, essa história poderia ter um final diferente se tivéssemos aceitado escolher o caminho mais difícil sempre que algo pareceu não dar certo. Sei que não preciso lhe dizer como a viagem teria sido estressante se não tivéssemos fé no poder do caminho mais fácil. Se nos tivéssemos deixado levar pelas aparências e escorregado para o caminho mais difícil, essa não seria uma história sobre a mágica do mundo bendito, mas uma história sobre o reino da angústia e da infelicidade.

O caminho mais fácil sempre apoia as possibilidades de mais bem-estar, mesmo quando tudo parece indicar o contrário. Você pode apostar nele. Aconteça o que acontecer, basta ter fé, confiar no processo e relaxar. Em vez de deixar que o medo e a dúvida o levem a escolher o caminho mais difícil, continue a optar pelo caminho mais fácil apesar dos pesares, e você colherá os resultados de seu imenso poder de resolução de problemas!

O canal do caminho mais fácil

Sim, acredite se quiser, você esteve preferindo o caminho mais difícil durante muito tempo, quando poderia ter optado pelo caminho mais fácil! Isso não lhe dá vontade de dar um tapa na própria testa e dizer: "Eu poderia ter seguido o caminho mais fácil!", tal como acontece nos programas de TV?

No entanto, só porque continuamente deixamos de fazer a melhor escolha optando por manter o foco e experimentar o caminho mais difícil, isso não significa que o caminho mais fácil tenha se tornado menos acessível para nós. Ele está à nossa disposição, e sempre esteve operando em nosso benefício.

O caminho mais fácil mantém o mesmo poder impressionante desde o início. Ele ainda oferece a intensa matriz de harmonia e simplicidade em que as forças universais se unem em nosso benefício para amparar nosso bem-estar. O caminho mais fácil está sempre disponível, a um sopro de distância. *Sempre*. Saber disso é tão emocionante para você quanto é para mim?

Tudo acontece e sempre aconteceu de forma perfeita e confortável no caminho amis fácil, quer estejamos conscientes disso, quer não. Contudo, você precisa *estar* naquela realidade para experimentar tal perfeição.

O caminho mais fácil é uma realidade inteiramente diferente; o que acontece lá não pode ser percebido de dentro do caminho mais difícil. Quando estamos no primeiro, não importa o que esteja acontecendo no segundo, porque os acontecimentos no primeiro são totalmente diferentes.

Esses dois mundos são como dois canais de televisão que funcionam em frequências totalmente diversas. Você não pode ver o que acontece no canal 1 caso tenha sintonizado o canal 2[1] (o caminho mais fácil sem dúvida é o canal 1) e vice-versa.

Para entender melhor esse fenômeno, vamos imaginar que você esteja vendo TV e que um canal passa um programa de luta livre enquanto o outro passa um programa sobre a natureza. Se você estiver vendo a luta, não saberá o que está acontecendo no programa sobre a natureza.

---

[1] Ressalva: os nomes canal 1 e canal 2 não têm a menor intenção de sugerir que os canais de televisão reais designados por esses números são respectivamente o caminho mais fácil e o caminho mais difícil! Não há nenhuma sugestão de que uma entidade real de televisão chamada canal 2 seja de alguma forma prejudicial! Isso apenas denota que o caminho mais fácil é o domínio da unidade e o caminho mais difícil é o domínio da dualidade ("do dois" ou "do mais do que um"). Ora, sempre gostei muito dos canais 2 que encontrei na minha vida de telespectadora!

Você simplesmente não consegue experimentar a harmonia e o esplendor do caminho mais fácil se estiver sintonizado no caminho mais difícil. Portanto, mesmo que tudo esteja acontecendo à perfeição no caminho mais fácil, se você estiver mergulhado no caminho mais difícil não terá a experiência daquela perfeição.

Se você for atraído para o caminho mais difícil por influência de atividades mentais fundamentadas no medo, como as preocupações, o desejo de controlar, a crítica ou a decepção com o andar dos acontecimentos, estará na realidade errada para experimentar a evolução harmoniosa de seus desejos. Para encontrar simplicidade e harmonia, você precisa girar o seletor para o caminho mais fácil.

Você pode entrar e sair do caminho mais fácil pelo simples movimento de um interruptor mental, assim como pode alternar canais de TV por meio de um botãozinho no controle remoto. Mas por que você deixaria o caminho mais fácil? Bem, manter a seleção no canal 1 seria muito fácil se não existisse um aspecto de seu ser que teimosamente prefere o canal 2. Vamos chegar a isso em seguida.

As altas vibrações do caminho mais fácil

A ideia de que esses dois mundos estão em frequências diferentes não é apenas uma metáfora. O caminho mais fácil realmente existe em uma frequência vibratória mais elevada. Se você não estiver familiarizado com conceito de que tudo é energia e de que a energia vibra em frequências diferentes, aqui vai uma introdução ao tema, obviamente simplificada:

No centro ou núcleo da Criação está a Fonte, a origem de toda energia. É aí que a energia vibra mais acelerada; este é o aspecto da Criação que demonstra a frequência vibratória mais elevada. Nesse nível, não existe qualquer empecilho ao fluxo da Força Vital para fora do núcleo. Energia/Força Vital/Amor e a inteligência codificada dentro de tudo isso são incessantemente irradiados pela Fonte. Podemos dizer que a energia flui com perfeita *facilidade*.

A Inteligência Divina que opera no nível da Fonte cria mundos e todas as nuances desses mundos, *mas não experimenta o menor esforço nessa criação*. Isso acontece porque a Inteligência Divina está operando em um estado de total ausência de resistência.

Você conhece a história da criação no livro Gênesis da Bíblia? No capítulo I, versículo 3 de Gênesis lemos: "Deus disse: 'Faça-se a luz!' E a luz foi feita." *Faça-se* a luz! Nenhum esforço foi realizado — Deus simplesmente *permitiu* a existência da luz e a luz apareceu! Instantaneamente! E isso é *manifestação, é aceitação* no nível mais elevado! Nem preciso dizer que o Criador está 100% no caminho mais fácil!

Quanto mais amor você deixa fluir livremente através de si, mais alta é sua frequência vibratória. Quanto mais alta for a sua frequência vibratória, mais a sua experiência corresponderá à da Fonte. O resultado é facilidade perfeita e realização instantânea dos desejos. Quanto mais baixa for a sua frequência vibratória, mais difícil e dolorosa será sua experiência, e mais trabalhosa e demorada será a realização de seus desejos.

Os aspectos da Criação que permitem o livre fluxo de energia permanecem na frequência vibratória mais elevada possível, de acordo com seu projeto inigualável, e experimentam total saúde, integridade e, é claro, bem-estar. Esse é o estado de quem está no caminho mais fácil.

Os aspectos da Criação que *resistem* ao fluxo de energia da Fonte experimentam graus variados de estresse e deterioração. A resistência ao fluxo do Amor/Força Vital da Fonte é o que cria o caminho mais difícil. Nele, há resistência — às vezes pesada — àquele fluxo; consequentemente, falta bem-estar, falta integridade, falta alegria.

Portanto, basicamente, se preferimos não vivenciar dor, dificuldade e estresse, se quisermos experimentar conforto, bem-estar e alegria, é preciso deixar que o Amor flua livremente de dentro de nós, para que possamos ter a frequência vibratória mais alta possível. É aí que encontramos o caminho mais fácil, onde tudo é simples.

Como se essa facilidade não fosse suficiente, a cereja do bolo é o fato de que a frequência vibratória mais elevada catalisa uma reação emocional de alegria. Facilidade e alegria são parceiras inseparáveis. Onde existe uma, sempre encontraremos a outra. A alegria é o indício de que você está em uma frequência vibratória mais elevada. Podemos dizer que a alegria é a assinatura emocional do caminho mais fácil.

Como escolher conscientemente o caminho mais fácil

Toda vez que sentiu alegria você estava no caminho mais fácil, mesmo que por pouco tempo. Você abandonou a resistência e se deixou ser levado de volta ao campo magnético do Desígnio da Harmonia. Além de sentir alegria, tenho certeza de que você viu tudo acontecer de forma realmente suave e harmoniosa, sem que tivesse escolhido *conscientemente* o caminho mais fácil.

Aposto que essas coisas aconteceram quando você estava relaxado — talvez em um estado de espírito brincalhão ou totalmente entretido em uma atividade, divertindo-se, sem sentir qualquer tipo de estresse. Você não estava obcecado, não estava procurando "apressar o rio" ou tentando fazer as coisas de uma determinada forma. Estava apenas permitindo naturalmente o fluxo. Sem perceber, você estava escolhendo espontaneamente o caminho mais fácil. Esses são os momentos felizes para os quais vivemos e pelos quais ansiamos quando estamos no caminho mais difícil.

Agora, em vez de ter essa experiência no caminho mais fácil puramente como obra do acaso, você pode escolhê-la à vontade.

Como aprendeu no capítulo 2, você pode pronunciar a invocação "Eu escolho viver no caminho mais fácil, onde tudo é simples", e então respirar, relaxar, aceitar e desfrutar. Não é por coincidência que quando alguém me pergunta como se pode elevar a frequência vibratória, as ações que mais recomendo são aquelas que executamos para entramos completamente no caminho mais fácil. (No capítulo 7 vamos aprender mais sobre técnicas para elevar a frequência.)

Se o canal 1 é lugar onde se encontra toda a alegria, por que alguém escolheria o canal 2?

Existe uma parte de nós que é dependente do canal 2. Essa parte é viciada no caminho mais difícil! Ela progride lá e somente lá. A própria existência dessa parte depende de nos manter no caminho mais difícil, focalizados no canal 2. Ela é o produtor, o diretor e o gerente de programação do canal 2.

Ela precisa que você seja tanto o ator quanto a plateia, o que naturalmente exige que ela o mantenha fora do caminho mais fácil. E é de fato excelente nessa tarefa.

Quando chegarmos ao capítulo 5, aprenderemos mais sobre essa entidade extremamente ambiciosa e sobre como podemos contorná-la de modo a nos mantermos sintonizados no canal 1, o canal do caminho mais fácil. No próximo capítulo, porém, apresentarei a você seu lado maravilhoso — na verdade, a sua maior parte — que mantém acesa a chama do lar no caminho mais fácil.

Eu escolho viver no caminho mais fácil,
onde tudo é simples.

4

Seu guia pessoal para o caminho mais fácil

A sua permanência no caminho mais fácil ou no caminho mais difícil depende de quem controla o interruptor. Há um aspecto d você que está sempre sintonizado no canal 1, mas também existe um aspecto que definitivamente é fissurado no canal 2 e que aproveita toda oportunidade de pegar o controle remoto e levar sua atenção para a realidad caótica que ele prefere.

Você decide quem tem o controle do interruptor a cada momento.

Antes de apresentar a você o seu aspecto que prefere o caminho mais difícil, acho que será animador saber que sua maior parte — o que eu chamo de seu *Espírito* ou Ser com "S" maiúsculo — está constantemente no caminho mais fácil e sempre o convida a permanecer lá. Orientá-lo na direção desse aspecto de sua personalidade é a maneira segura de orientá-lo para o caminho mais fácil.

Você e seu espírito

Você é uma criatura versátil e muito maior do que imagina. Sua consciência no estado de vigília e sua personalidade são apenas a ponta do iceberg. O que você costuma achar que é "você" não é sua maior parte, nem sua parte de vibração mais elevada; nem mesmo é sua parte mais consciente.

Na verdade, a definição mais abrangente de "você" inclui tudo o que você estiver disposto a acreditar e permitir! No limite mais alto da escala vibratória que conseguir alcançar, lá você encontrará seu Ser.

No entanto, para efeito dessa discussão, vamos apenas considerar que existe o que você percebe como sua parte humana e o que você percebe como seu Espírito. Ele é a interface entre seu ser comum, influenciado pelo ego, e seu Ser infinito — aquele que é um com a Fonte, da qual é inseparável. Assim como uma tomada elétrica serve de interface entre a rede elétrica e o plugue do aparelho que desejamos ligar, seu Espírito é sua interface com os níveis infinitamente mais elevados de energia da Fonte e da Inteligência Divina. E, naturalmente, é a sua interface com o caminho mais fácil.

Sempre no caminho mais fácil

Seu Espírito opera perpetuamente no caminho mais fácil. Ele vive permanentemente nesse caminho, de onde nunca sai. Ele jamais é convencido a sair de lá e abandonar o Desígnio da Harmonia. Mesmo quando você está vivenciando o caminho mais difícil, seu espírito está totalmente abrigado no caminho mais fácil.

Embora você possa ficar "inconsciente" e ser arrastado de volta ao caminho mais difícil, esteja certo de que seu Espírito jamais faz isso. Ele sempre está completamente sintonizado com o Desígnio da Harmonia, orquestrando os acontecimentos para promover maior bem-estar. E isso acontece mesmo quando você não consegue perceber essa situação e não sente qualquer conexão com seu Espírito.

Você nunca se separa de seu Espírito, mas pode se deslocar vibratoriamente para um espaço onde fica inconsciente dele. Você pode ficar polarizado por outras influências, de modo que a inteligência de seu Espírito para de dirigir sua experiência; quando isso acontece, você está no caminho mais difícil.

Você sempre está no caminho mais fácil quando deixa seu Espírito o conduzir, e sempre está no caminho mais difícil quando não deixa. Você tem o livre-arbítrio de permanecer ou não no âmbito do Espírito e seguir sua orientação, ficando ou não no caminho mais fácil.

Quando invoca o caminho mais fácil, relaxa e se permite entrar em sintonia com aquele caminho, você está se permitindo a união com seu Espírito. Assim como o caminho mais fácil é sua "realidade predeterminada", para a qual você sempre retorna quando relaxa e para de reagir à sua poderosa atração magnética, seu Espírito está lá, sempre esperando por você de braços abertos para envolvê-lo quando você se deixar abraçar.

Quem você prefere que dirija sua vida?

Em última análise, você precisa escolher quem vai determinar suas experiências: seu Espírito, que corporifica o amor e induz a alegria, ou o seu ser sofredor e assustado, que prefere o caminho mais difícil.

Sendo mágico no sentido mais elevado e verdadeiro, seu Espírito tem o poder de organizar acontecimentos e situações de modo que eles favoreçam seu bem-estar supremo e também o bem-estar supremo de todos os outros seres. Seu Espírito conhece todas as suas necessidades e cuida de atendê-las. *Ele está sempre promovendo a perfeição a seu favor no caminho mais fácil.* Parece ser alguém cuja orientação você gostaria de seguir, não é mesmo?

Acredite quando lhe digo que honrar seu Espírito como seu guia não é uma prática mística fantasiosa — é uma atitude extremamente prática! Você gostaria que o guia de sua vida fosse uma faceta limitada, assustada e não muito inteligente da mente humana, que elabora seu projeto míope com base em algo que não é o mais correto e harmonioso para você, *alguém que só floresce quanto consegue mantê-lo no caminho mais difícil?* Ou prefere confiar em seu Espírito ilimitado, que é divino, onisciente, onividente e que tem como maior prioridade as melhores possibilidades para seu bem-estar e sua felicidade?

Outra grande vantagem de deixar que seu Espírito assuma a direção: como ele está interligado com o Desígnio da Harmonia e com os Espíritos de todos os outros seres, a perfeita sequência de acontecimentos que ele organiza para você está sempre no alinhamento exato com as possibilidades mais elevadas para tudo e todos. Esta é a beleza de deixar que uma inteligência onisciente e onipotente o conduza!

Entregar o controle remoto nas mãos de seu Espírito lhe dá a garantia de ter uma vida harmoniosa e feliz no caminho mais fácil. Quanto mais você se alinhar conscientemente ao seu Espírito, mais você encontrará naturalmente um abrigo no caminho mais fácil. Quando honra seu Espírito como estrela-guia de sua vida, acredita que ele sempre arranjará as circunstâncias de modo a garantir seu bem-estar e sua alegria e escolhe deliberadamente dar a ele a direção de sua realidade e experiência, você transforma o caminho mais fácil em sua realidade desejada.

Como me apaixonei por meu espírito

Houve momentos em minha vida em que estive tão descentrada, tão impotente e tão atolada no caminho mais difícil que não tive outra escolha senão tirar completamente as mãos do volante e dizer: "*Você* dirige!" Quando o fiz, tudo funcionou de forma surpreendente, até mesmo mágica. Já enfrentei situações difíceis das duas maneiras, e há muito mais poder em permanecer em comunhão consciente com meu Espírito e confiar que eu, no nível pessoal e limitado, não preciso estar no controle; na verdade, é muito melhor quando não estou!

Há muito tempo que confio em meu Espírito com resultados surpreendentes. Mesmo meu ser temeroso e desconfiado é obrigado a admitir a contragosto que as coisas invariavelmente dão certo quando confio inteiramente em meu Espírito; meu ser ainda hesita em fazer isso, mas não posso negar que sempre funciona.

A primeira vez que experimentei o poder de entregar um problema para meu Espírito foi em 1982, em uma situação extraordinária. Sendo uma cidadã norte-americana, natural da Carolina do Norte, estava fora do meu país, ensinando educação artística em uma escola internacional do Japão, longe da família e dos amigos, quando me vi diante do maior desafio de minha vida: recebi o diagnóstico de uma doença autoimune crônica, incurável pela medicina, debilitante e extremamente dolorosa.

Ela surgiu de repente e estava rapidamente cobrando seu preço. Alguns meses depois do diagnóstico, descobri que havia ficado fisicamente dependente de um dos medicamentos prescritos — um corticoide —, tão prejudicial quanto a própria doença. Ele já estava causando problemas.

Embora no início estivesse em negação, não querendo aceitar o destino a que o médico me havia condenado, senti subitamente a necessidade de aprender tudo o que pudesse sobre a doença e o medicamento. O quadro era desanimador. Então busquei providências para me livrar do esteroide, visitando inúmeros especialistas para obter uma solução. Até uma estadia de uma semana na clínica de um renomado especialista, que fez todo o possível para me livrar rapidamente do medicamento, foi um fracasso.

A primeira informação a permitir alguma esperança veio na forma de um livro enviado dos Estados Unidos por um amigo. Fiquei entusiasmada ao ler que, apesar dos fracassos da medicina moderna para controlar a doença, a abordagem holística promovida pelo livro havia obtido resultados notáveis. Ao descrever nosso poder inato para curar nossos corpos tão logo sejam removidos os impedimentos à cura, o livro fez tudo em mim gritar "Sim!". Aquilo me pareceu a maior das verdades. As medicações tóxicas que eu estava tomando definitivamente poderiam ser classificadas como impeditivos, e o livro confirmou minha intuição de que elas estavam agravando a situação.

Sentir o entusiasmo crescer dentro de mim foi como receber o indulto de uma pena de morte. Eu sabia que encontraria uma maneira de seguir aquele programa. Eu iria interromper os medicamentos e sair do pesadelo em que me encontrava. Então, em questão de segundos minhas grandes esperanças foram frustradas, pois li que a única condição em que aquela abordagem não funcionava era se o paciente houvesse tomado corticoides por um período longo — o tipo de medicamento que eu estava tendo tanta dificuldade para abandonar. Eu estivera recebendo uma dose alta durante sete meses.

Essa decepção foi um choque terrível. Nada do que os ditos especialistas receitaram me ajudou — na verdade, a maior parte só agravou as coisas. Não havia um remédio ou tratamento alopático recomendado na época para aquela doença que eu não tivesse tentado, e minha saúde continuava a piorar.

Se a abordagem holística para lidar com a doença estava fechada para mim, o que eu poderia fazer? Fiquei sem opções. Os médicos me avisaram que eu estava condenada à total invalidez; no ritmo em que o problema avançava, isso aconteceria muito breve. E as coisas já estavam bastante ruins daquela forma.

Eu não sabia mais o que fazer; agora sei que essa é uma condição imensamente poderosa, mas na época me parecia ser a posição mais fraca possível. Com todas as abordagens convencionais esgotadas e a única alternativa real aparentemente fora de questão, experimentei o que era para mim um sentimento inteiramente novo: total desespero.

Até então eu sempre havia conseguido vencer todos os desafios. Tinha orgulho de minha habilidade para mergulhar nas situações difíceis e sair vitoriosa, e me sentia capaz de lidar com qualquer condição que a vida me apresentasse. No entanto, essa era diferente. Depois de fazer tudo o que sabia, cheguei a um beco sem saída. Subitamente, todo o meu futuro — e meu presente — estava em risco e eu não conseguia ver uma salvação.

No entanto, havia um lugar que eu ainda não examinara.

Ao me convencer da impotência da situação, meu medo e minha frustração se transformaram em raiva, e comecei a gritar contra a injustiça de tudo aquilo. Os gritos se transformaram em pranto e os soluços se transformaram em uivos desesperados. Quando minha energia se esgotou, os uivos se transformaram em um lamento fúnebre; então, aconteceu: uma voz infantil veio de dentro de mim e pediu: "Me ajuda!"

A vozinha repetiu muitas vezes: "Me ajuda, me ajuda, me ajuda...", como se tivesse certeza de que alguém iria ajudar, embora não houvesse um único ser humano ao alcance de minha voz. Quando as rogativas esmaeceram, com elas desapareceu todo o medo residual; o que restou era extraordinário: uma paz que desafiava o entendimento. Embora nada houvesse mudado na minha situação, tudo estava completamente diferente.

Foi como se o sol tivesse surgido, enchendo o céu de luz, depois de dias de escuridão. Eu me senti surpreendentemente bem. Ainda não tinha uma resposta ou um novo plano para seguir, mas estranhamente estava em paz, sem medo do futuro — na verdade, sentia um bem-estar estranho para alguém que não tinha ideia de como poderia resolver seus problemas e que pensava estar condenada a viver no inferno. Fui para a cama e dormi um sono mais profundo do que... bem, do que nunca.

Quando acordei pela manhã, ainda me sentia muito bem, e enquanto me preparava para ir à escola, reuni todos os remédios que ainda tomava. Quando estava a ponto de engolir um punhado daquilo que agora considerava um veneno — porém necessário, já que não havia alternativa — murmurei uma espécie de prece: "Por favor, mostre-me como proteger meu corpo dessas drogas tóxicas até que eu possa passar sem elas!"

Naquela tarde, quando me apresentei para trabalhar na sala de aula do professor de biologia, que compartilhava comigo as tarefas de organizar o anuário, os alunos do 2º grau que o preparavam reuniram-se a meu redor pedindo permissão para sair e fazer fotos, aprovar layouts e atender a outras tarefas necessárias.

Enquanto interagia com eles, minha atenção foi desviada para um livro que estava sobre a extremidade oposta da longa bancada do laboratório em que eu coordenava a reunião. Embora não fizesse ideia do que fosse aquele livro, senti que o volume grande e escuro me atraía, como um poderoso ímã.

Assim que resolvi as dúvidas dos alunos, não perdi um segundo e fui ver do que tratava o livro. Era uma enciclopédia das doenças mais comuns. O interessante é que era da mesma editora do livro que meu amigo me mandou, aquele que me deu tanta esperança e em seguida a destruiu.

Intrigada, abri o volume em uma página qualquer. Incrivelmente eu o abri na própria seção que se referia ao meu problema de saúde. Folheei algumas páginas e fiquei arrepiada: lá estava em preto e branco uma seção sobre os recursos nutricionais para proteger o organismo das medicações normalmente prescritas para aquela doença. Todos os remédios que eu tomava estavam relacionados. Fiquei assombrada; mal pude acreditar no que via.

Chamei o colega que dava aula naquela sala e perguntei de onde viera aquele livro. Ele respondeu: "Da biblioteca da escola. Eu estava procurando alguma coisa para ler depois do almoço de hoje e ele pareceu interessante. Se quiser, pode levá-lo. Eu nem sei por que o pedi, pois só vou tratar do corpo humano no próximo semestre."

Eu certamente sabia o motivo! Era a resposta à prece que eu havia proferido pela manhã. A lista de suprimentos nutricionais para proteger meu corpo das medicações era evidentemente a resposta para minha prece espontânea. Além disso, eu sabia que essa resposta e o sentimento de estar sendo miraculosamente cuidada eram resultado do pedido de ajuda infantil da noite anterior.

Sem entender muito bem o que fazia, baixei a guarda, me permiti entrar em alinhamento, pedi a ajuda do meu Espírito e agora estava recebendo a resposta — em tempo recorde e de forma surpreendente! Não havia como negar a conexão entre o que pedi e o que recebi.

Naquele instante eu soube que havia entrado numa nova realidade, embora não soubesse como chamá-la. Hoje eu a chamo de caminho mais fácil; na época eu simplesmente sabia que se tratava de uma forma diferente de ser, na qual você pedia aquilo de que necessitava e recebia uma resposta imediata com perfeita facilidade. Um lugar de milagres!

E os milagres não pararam por aí. Continuei me entregando a meu Espírito, e alguns meses depois meu guia pessoal do caminho mais fácil já havia tomado as providências para que eu me livrasse dos medicamentos, recuperasse a saúde e fosse guiada a uma experiência surpreendente de consciência cósmica. Os fundamentos do que você lê neste livro e em meu primeiro livro, *Recreating Eden*, vieram dessa experiência. E tudo isso surgiu da entrega a meu Espírito, dando-lhe permissão para me conduzir sem interferências.

A saída mais deplorável do caminho mais fácil

Enquanto escrevia *Recreating Eden*, fui levada quase a contragosto a estudar os primeiros capítulos de Gênesis, na Bíblia. O que fui orientada a ver foi a relevância atual da história de Adão e Eva e do Jardim do Éden.

Apesar do que você pode ter ouvido falar sobre essa passagem, apesar do uso indevido dessa narrativa em apoio a ideias bizarras (a superioridade masculina, a mulher como origem de todos os problemas, o sexo como coisa má e perigosa, a serpente como um ser cruel etc.), apesar de esta ser considerada uma crônica sobre a condenação eterna dos seres humanos, não foi isso o que vi. Basicamente, ela é o relato de como saímos pela primeira vez do caminho mais fácil e nos mostra como continuamos a deixá-lo.

Não apenas isso, essa história também nos dá a chave para *voltar* àquele mundo.

Ela não é encontrada somente na tradição judaico-cristã. Podem ser encontradas versões na literatura sagrada da maioria das religiões e tradições de sabedoria no planeta. É uma das principais histórias da humanidade — talvez a principal — e como toda narrativa seminal, apresenta muitas ideias em camadas sucessivas e pode ser interpretada de diversas maneiras, algumas construtivas e fiéis à intenção da história e outras nem tanto. Para nossos objetivos, vamos considerá-la à luz do que foi dito sobre estar ou não estar no caminho mais fácil.

Resumidamente, os protagonistas Adão e Eva viviam em um mundo imaculado, de grande beleza, abundância e harmonia, que amparava totalmente o bem-estar dos dois. (Isso parece familiar?) Eles não tinham preocupações e tudo lhes era fornecido; eles simplesmente desfrutavam de uma existência gloriosa. A experiência deles era de eterna tranquilidade e alegria. Só precisavam obedecer a uma regra simples: não cometer um ato proibido. O criador que lhes oferecia toda essa abundância lhes disse que transgredir a regra faria com que fossem expulsos do mundo ideal.

Sem entrar em detalhes sobre qual era o ato que deveriam evitar,[2] quero deixar claro que o criador e doador de tudo — que chamaremos de "Espírito" — definiu as diretrizes para que eles permanecessem no mundo perfeito de abundância e felicidade suprema, e eles violaram essas diretrizes. O que aconteceu?

A história diz que uma serpente os convenceu a fazer aquilo que lhes fora dito que levaria ao desastre. Essencialmente, eles ouviram uma voz — uma influência — e agiram de acordo com ela e em desacordo com o Espírito. Subitamente, eles se encontraram trancados do lado de fora do jardim, seu mundo de perfeito conforto. Pela primeira vez eles vivenciaram dor, agonia e sofrimento. Eles se viram no mundo da dificuldade.

Moral da história: ouça e obedeça à orientação do Espírito e você estará no caminho mais fácil. Escute outras vozes e faça o que elas dizem e você se encontrará no caminho mais difícil.

---

[2] Essa questão é totalmente explicada no livro Recreating Eden.

De quem são essas outras vozes? O que a serpente representa? Ela representa o "Ditador do mundo da dificuldade" (DMD), que estudaremos no próximo capítulo. O simbolismo da serpente está relacionado ao aspecto primitivo do cérebro humano que executa o programa do DMD.

Essa é uma história milenar, tão atual hoje quanto quando foi contada pela primeira vez. Aplicam-se os mesmos princípios: se quiser permanecer no caminho mais fácil, não deixe que nenhuma voz encubra a voz do seu Espírito. Respeite a orientação dele e não dê atenção à serpente. *Não se deixe seduzir pelo Ditador do mundo da dificuldade.*

Mas como posso saber quem é quem?

Como podemos saber a diferença entre a orientação de nosso Espírito e a sedução do DMD?

Para começar, a orientação do Espírito é sempre acompanhada por um aumento do amor e por um sentimento de expansão e maior receptividade no corpo, principalmente no centro do coração. Quando estamos alinhados com o Espírito, somos estimulados a receber, aceitar e permitir. O que vem de seu Espírito é encorajador, edificante e prazeroso. Quando o ego medroso está no controle, o inverso acontece.

As mensagens do Espírito são elegantemente simples. Isso não acontece com as mensagens do DMD, que prefere sempre a complicação e a complexidade. Raramente as mensagens do Espírito surgem na forma de frases, embora isso possa acontecer. Elas não costumam ser verbais. Em geral elas se apresentam como insights, sinais e visões, como sentimentos e, mais frequentemente, como a simples sensação de *saber*.

Uma vez em total alinhamento com seu Espírito, você nem mesmo perceberá as transmissões como mensagens, mas simplesmente como inspirações sobre o que fazer ou entender. Seus pensamentos serão os pensamentos do seu Espírito e vice-versa.

Em condições ideais, você estará tão alinhado ao seu Espírito — em unidade com ele — que se tornará um residente em tempo integral do caminho mais fácil. Por enquanto, sei que é um tanto difícil. Talvez você nem mesmo ache que deseja isso. No entanto, quanto mais se alinhar ao seu Espírito, mais você viverá no caminho mais fácil, mais poder autêntico terá e mais realizado se sentirá.

É claro que nesse momento qualquer preocupação que você possa ter sobre querer ou não viver em tempo integral no caminho mais fácil é irrelevante! Até que você entenda como o Ditador do mundo da dificuldade atua, por que ele[3] deseja tanto mantê-lo fora do caminho mais fácil e como neutralizar as tentativas dele para mudar o canal e puxá-lo de volta ao caminho mais difícil, você tem pouca chance de se tornar um residente em tempo integral no caminho mais fácil. Na realidade, você provavelmente passará mais tempo do que gostaria com o seletor no canal 2.

Portanto, agora que você conhece seu guia pessoal para o caminho mais fácil, vamos aprender mais sobre a natureza desse monopolizador do controle remoto, o tirano Ditador do mundo da dificuldade, e sobre o som da voz *dele*. Vamos descobrir a única forma eficaz de lidar com ele.

Eu escolho viver no caminho mais fácil,
onde tudo é simples.

---

[3] Atribuí o gênero masculino ao Ditador do mundo da dificuldade porque, seja você homem ou mulher, esse seu aspecto utiliza o hemisfério esquerdo do cérebro, a energia masculina. Não tenho a menor intenção de insultar o gênero masculino!

5

O Ditador do mundo da dificuldade

Ah, o caminho mais fácil! Feliz, tranquilo, próspero e cheio de amor: quem não o adoraria? Bem, acredite se quiser, por mais maravilhoso que ele seja, um aspecto em você — e em mim — morre de medo dele, não consegue suportá-lo, e está decidido a fazer qualquer coisa para evitá-lo.

Essa entidade sempre deseja nos ver no caminho mais difícil. Toda vez que consegue pegar o controle remoto — que está sempre tentando alcançar — esse aspecto nosso muda o canal para o caminho mais difícil. Sempre que pode, ele nos puxa de volta para seu reino favorito de conflito, dificuldade e complicação.

Por que isso acontece? O objetivo e a razão de ser dessa entidade é nos manter na única realidade em que ela tem poder. Ela faz de tudo para nos manter em um lugar onde suas necessidades podem ser atendidas, indiferente ao fato de que a maior parte de nós não se sente feliz ou realizada nesse lugar. Ela não se importa se seguir no caminho mais difícil é frustrante para nós. Ela se alimenta de nossa frustração! No fundo, ela faz de nossa infelicidade seu jantar, que saboreia enquanto finge desejar nossa felicidade.

Essa personagem sempre tenta nos trapacear, fazendo-nos acreditar que vai nos dar o que queremos, mas ela não pode nem quer fazê-lo. Está sempre nos levando a frustração, decepções, dificuldades e dor, porque essa é a energia de que precisa para sobreviver. Se nossos desejos fossem realizados e ficássemos contentes e felizes, essa entidade estaria desempregada; ou melhor, ela nem existiria!

Vamos chamá-la de Ditador do mundo da dificuldade porque ela cria, sustenta e dirige com mão de ferro esse mundo por meio de artifícios, trapaças e manipulação. Ela realiza tudo isso à custa de nosso bem-estar e nossa alegria.

Completamente dedicado a nos manter no árduo reino que dirige, o DMD detesta ser banhado pela luz que pode nos mostrar seus truques, fazendo-nos superar sua influência. Como o objetivo deste livro é ajudá-lo a fazer exatamente isso, se você estiver sentindo qualquer resistência a lê-lo, já sabe o motivo! A parte de você que tem fobia ao caminho mais fácil está tentando impedi-lo de saber que existe essa alternativa.

Na verdade, se você duvidar da existência do caminho mais fácil, saiba que essa parte de você precisa desesperadamente impedi-lo de escolher o outro caminho. Ela dirige uma campanha milenar de desinformação para ter certeza de que você jamais *saiba* da existência do caminho mais fácil ou, se vier a saber, para que você seja cético demais para se deixar enganar por uma coisa tão ingênua, simplista, "boa demais para ser verdade".

O viciado no caminho mais difícil

Para ser justa, essa é uma questão de sobrevivência. Esse aspecto seu não está contra você. Acontece que sem o caminho mais difícil ele não existe. Aquela é a única realidade em que ele vive. É o único mundo que ele conhece. Portanto, ele faz o possível para nos manter longe do caminho mais fácil, porque lá ele não tem poder ou controle: é uma completa nulidade. No caminho mais fácil, só existem os aspectos de nós que desejam alinhar-se com o Desígnio da Harmonia, permitir o livre fluxo do Amor e adotar a alegria. *Nada disso* descreve essa parte de sua psique!

Não, esse lado seu é infeliz, paranoico, completamente avesso ao fluxo do Amor; ele está sempre procurando motivos para ser crítico, irritado e frustrado. Seu estado mais refinado parece ser um leve descontentamento; ocasionalmente, ele se eleva por um momento, quando encontra motivo para se vangloriar.

Ele se sente realmente à vontade com o sofrimento e o fracasso, mesmo quando grita e chora lágrimas de crocodilo sobre a injustiça de tudo, procurando nos enganar sobre quem é responsável por nossa dor.

Quem é esse devoto do caminho mais difícil?

Como se chama essa parte recalcitrante de nós? (Tenha certeza de que todos nós a temos — não é só você quem tem dentro de si essa entidade malévola!) Qual é o outro nome do Ditador do mundo da dificuldade? Seu nome usual é "ego".

Como o ego tem muitas facetas, vou chamar o Ditador do mundo da dificuldade de "ego *medroso*". Esse adjetivo define muito bem a versão do ego a que me refiro. Para um ser humano é necessário ter um ego, mas algumas facetas dele saíram dos trilhos e ultrapassaram seus limites — e isso definitivamente inclui o ego medroso.

Medroso. Cheio de medo. Essa é uma descrição perfeita do ego como Ditador do mundo da dificuldade. O medo é a falta de confiança no Amor. É a falta de confiança no Desígnio da Harmonia. Seu ego medroso *jamais* entende o caminho mais fácil, onde o Amor flui livremente, o Desígnio da Harmonia impera e tudo funciona em conjunto para apoiar as mais altas possibilidades de bem-estar para você.

O Mentiroso

Seu ego medroso é viciado no caminho mais difícil. Como qualquer viciado, para conseguir uma dose ele não hesita em manipular as situações como for preciso. Ele é um mentiroso consumado — ele é *o* mentiroso. Na verdade, a simulação é a própria base de sua existência e sua principal técnica para conseguir o que deseja.

Você pode ter certeza absoluta de que qualquer coisa que o Ditador do mundo da dificuldade lhe disser é uma grande mentira. Como a base da existência dele é o Desígnio da *Des*armonia, ele é um especialista nessa arte. Do ponto de vista *dele*, ele diz a verdade. No entanto, essa é a verdade no caminho mais difícil. *Uma verdade do caminho mais difícil é sempre uma mentira!*

O Ditador do mundo da dificuldade é ardiloso. Ele nos engana o tempo todo para nos envolver nos planos dele para conseguir o que precisa. Ele lhe diz coisas como "seu dinheiro está acabando", para apavorá-lo e se alimentar de seu medo. Ou diz que você não vale nada, para se alimentar de sua dor. Nada disso é verdade.

Na realidade, o universo é infinitamente amoroso e abundante e você sempre tem acesso a essa riqueza quando está no caminho mais fácil. Sem valor? Você vale tanto que ninguém pode substituí-lo! Você é uma expressão inigualável da energia da Fonte — o Amor; sem você, a criação estaria incompleta. Sempre que o Ditador do mundo da dificuldade lhe diz alguma coisa, você pode estar certo de que é o contrário da verdade.

Qualquer coisa menos amorosa que você escute em sua cabeça vem desse facínora decidido a mantê-lo fora do caminho mais fácil. Na verdade, qualquer coisa menos amorosa que você escute de qualquer um vem dessa entidade, que tem como dever perpetuar o caminho mais difícil a qualquer preço — e você paga a conta com seu sofrimento.

O saco de mentiras e truques do Ditador do mundo da dificuldade

O Ditador do mundo da dificuldade tem um saco sem fundo de mentiras e truques para nos manter onde ele deseja. Eis algumas dessas mentiras:

> MENTIRA DO DITADOR DO MUNDO DA DIFICULDADE: Se você resistir bastante a alguma coisa, ela vai desaparecer.

A oposição é a joia da coroa no repertório desse tirano, o alicerce de todas as obras dele. É o *poder* dele: quanto mais do seu ser ele conseguir envolver na oposição, mais realizado ele se sente.

Quanto mais você quiser ver algo fora de sua vida, quanto mais você preferir não passar por alguma coisa, mais ele o convencerá a se opor àquilo. No entanto, quando se opõe a alguma coisa, qualquer coisa, você simplesmente fortalece a presença daquilo em sua experiência. Quanto mais reagimos, mais poder sobre nossa vida atribuímos àquilo a que estamos resistindo.

Quando você se opõe a alguma coisa, se opõe ao caminho mais fácil. A própria oposição cria uma barreira ao fluxo do Amor, baixando sua frequência vibratória e precipitando-o no caminho mais difícil, onde prevalecem as coisas que você *não* quer experimentar. É uma armadilha bem engenhosa, não é mesmo?

Se o Ditador do mundo da dificuldade conseguir o que quer, sua primeira reação a qualquer acontecimento indesejável em sua vida será resistir. No entanto, se em vez disso você escolher o caminho mais fácil, relaxar e *aceitar*, aquilo que você não deseja desaparecerá! Optar pelo caminho mais fácil significa estar consciente apenas do que é compatível com sua alegria. Se você estiver sintonizado no canal 1, os tormentos do canal 2 deixam de existir.

MENTIRA DO DITADOR DO MUNDO DA DIFICULDADE: O esforço e o sacrifício geram felicidade.

O Ditador do mundo da dificuldade há muito tempo defende a ideia de que o esforço de alguma forma aumenta o valor das realizações, e que é nobre trabalhar arduamente. Ele insiste em que se esforçar, lutar e sacrificar a felicidade hoje trará uma fortuna de alegria e realização mais tarde.

A ideia de que é preciso sublimar os verdadeiros talentos e paixões e aguentar firme, fazendo o for necessário para sobreviver ou progredir, fortalece o caminho mais difícil, porque nos mantém frustrados e insatisfeitos. Embora sejam mentiras, os princípios do caminho mais difícil "Quer goste, quer não, você tem que fazer o que for preciso para sobreviver" e "Se eu me sacrificar agora serei feliz mais tarde" certamente parecem muito reais.

Lembre-se, suas crenças criam sua realidade. Se você aceita essas ideias falsas, poderá criar provas em favor delas. E provas são as rainhas do hemisfério esquerdo do cérebro, orientado pela lógica. É assim que é constantemente criada e mantida a ilusão que é o caminho amis difícil. O Ditador do mundo da dificuldade nos convence de alguma coisa e nós criamos nossas experiências de acordo com aquilo. Logo teremos um universo de provas em favor de mentiras.

Eu consigo imaginar muito bem que nesse momento você pode estar pensando: "Mas trabalhar muito traz tanta satisfação! Tenho orgulho do que consegui com trabalho árduo, luta e sacrifício. Além disso, só os aproveitadores não gostam de trabalhar." É exatamente nisso que o Ditador do mundo da dificuldade quer que acreditemos.

Mas pense bem: será que você se orgulha realmente do quão *duro* você trabalhou ou do fato de ter dado tudo de si e perseverado *apesar* das dificuldades? Será que o sentimento de realização realmente vem da luta? Ou o motivo de orgulho é o fato de ter *sobrevivido* à luta, alcançado uma meta e saído do processo numa condição mais tranquila, confortável e feliz?

Deixe-me falar claramente: poucas coisas trazem tanta satisfação e elevação quanto um envolvimento intenso e passional com uma atividade desafiadora. Talvez seja o que alguns classificam como "trabalho árduo", mas isso não é nem um pouco exaustivo. Isso é o caminho mais fácil! A minha definição de trabalho árduo é fazer alguma coisa que drena a energia; algo para o qual você não foi feito; alguma coisa que não flui ou *que é percebida como um desafio.*

O esforço é a cara do caminho mais difícil. O caminho para a alegria está no caminho mais fácil. E esse caminho não é longo. Basta escolher o caminho mais fácil para sentir alegria! Ausência de dificuldade e alegria são companheiras inseparáveis. A dificuldade e a alegria nem se conhecem, pois existem em planos diferentes. Ninguém consegue ter felicidade no caminho mais difícil, e a única condição em que o esforço gera alegria é quando termina!

> MENTIRA DO DITADOR DO MUNDO DA DIFICULDADE: É preciso merecer o que se deseja.

O conceito de merecimento foi concebido pelo Ditador do mundo da dificuldade para nos impedir de deixar fluir livremente o Amor e a abundância. Do ponto de vista da Fonte, que provê tudo, todo mundo tem o mesmo direito a tudo, não importando o que tenha feito ou deixado de fazer. A Fonte não faz julgamento de valor. No nível da Fonte, não há qualquer tipo de julgamento!

A Fonte jorra abundância continuamente e o único fator que determina se iremos ou não receber essa abundância é nossa *permissão* para que ela chegue a nós. Você não precisa *ganhar* essa abundância. Ela já é sua. No entanto, se você acreditar que não a merece ou não é digno dela, sua resistência a bloqueará (o próprio ato de julgar já faz isso), e então o Ditador do mundo da dificuldade dirá: "Está vendo? É claro que você não merece isso, porque se merecesse receberia." É realmente diabólico. E ele nos deixa exatamente onde quer.

Abandone os conceitos de "merecer" e "não merecer". Eles só são úteis para a entidade que nos afasta do caminho mais fácil, onde tudo nos pertence pelo simples fato de estarmos lá.

MENTIRA DO DITADOR DO MUNDO DA DIFICULDADE: Espera-se que as coisas sejam de determinada maneira.

O Ditador do mundo da dificuldade nos mantém onde deseja utilizando-se de expectativas sobre como as coisas *deveriam* ser; quando elas são diferentes — o que acontece com frequência — ele estimula nossa decepção e nossa raiva. Ele nos mantém tão focalizados em uma ideia limitada de como as coisas deveriam ser que acabamos por perder as dádivas abundantes encontradas na forma como as coisas realmente são!

Quando escolhe o caminho mais fácil em vez de investir energia na forma como as coisas "deveriam ser", você pode relaxar e saber que tudo acontecerá de acordo com o Desígnio da Harmonia, que ampara nosso bem-estar supremo. No caminho mais fácil, os acontecimentos podem ser diferentes do que você espera, mas você sabe que eles sempre são *melhores*! Lá *sempre* somos recompensados, jamais somos punidos.

MENTIRA DO DITADOR DO MUNDO DA DIFICULDADE: Se você não tiver problemas suficientes, precisa pedir alguns emprestados.

Manter o foco no momento presente nos alinha com o caminho mais fácil. Focalizar-nos em outro momento nos alinha com o mundo da dificuldade. Portanto, não será surpresa para você saber que o Ditador do mundo da dificuldade faz tudo o que pode para pôr nosso foco sobre qualquer coisa *exceto* o momento presente, para dessa forma nos manter em seu mundo e devorar toda a energia que estamos canalizando para lá.

Como o Ditador do mundo da dificuldade retira nossa atenção do momento presente? Às vezes ele nos fixa no passado e fomenta arrependimentos; no entanto, sua principal estratégia é a *ansiedade*. A ansiedade nos faz olhar para o futuro e faz criar imagens assustadoras que fortalecemos com nossa energia; esse é exatamente o tipo de refeição que esse Ditador adora.

O Ditador do mundo da dificuldade quer tanto nos fazer resistir que *inventa* motivos de resistência! Sempre adorei a expressão "comprar problemas" como metáfora para a ansiedade. A ansiedade é isso: descobrir algum problema para colocar onde não há nenhum.

Você se lembra da lei do caminho mais fácil? Todo tipo de *preocupação*, *esforço* e *conflito* é expressamente proibido. Você não pode estar no caminho mais fácil e se preocupar.

A ansiedade não é uma obrigação, é uma escolha. Quando perceber que no caminho mais fácil tudo se une para amparar seu completo bem-estar e que a ansiedade é completamente contraproducente, algo que nos mantém fora do domínio da harmonia e das soluções, você optará por deixá-la de lado e viver nesse caminho.

MENTIRA DO DITADO DO MUNDO DA DIFICULDADE: Mudanças devem ser temidas e evitadas.

Com seu amor pela resistência, o Ditador promove nosso apego a manter as coisas eternamente da mesma forma. Ele quer que acreditemos que a mudança é prejudicial. No entanto, a mudança constante é uma das características principais do universo em que vivemos. Portanto, temos aí os ingredientes para um desafio constante e também um convite permanente para entrar no caminho mais difícil. A mudança não é prejudicial, mas natural, e quando você relaxa e permanece no caminho mais fácil ela sempre é benéfica.

Quanto mais resistimos ao fluxo de energia e à transformação das formas, mais dolorosas se tornam nossas condições e mais forte é nossa experiência no caminho mais difícil. Resistência equivale a atrito. Se alguma vez você usou um par de sapatos novos sem calçar meias e ficou com uma bolha, você sabe que o atrito causa problemas. Contudo, escolher o caminho mais fácil nos deixa à vontade com a mudança e nos faz fluir com ela, porque naquele mundo você pode ver muito bem que a cada transformação você evolui para um nível mais elevado.

MENTIRA DO DITADOR DO MUNDO DA DIFICULDADE: Fazer algo novo é arriscado.

O Ditador do mundo da dificuldade é absolutamente contrário à expansão. Como mestre na resistência, ele tem prazer em dizer "não". A menos que ele tenha plantado uma ideia em sua cabeça por saber que ela resultará em fracasso e isso lhe dará forças, ele parece adorar lhe sugerir motivos pelos quais as situações não darão certo e dessa forma sabotar seu sucesso.

Ele se deleita em lhe mostrar porque seus planos não podem dar certo, porque são uma má ideia; ele floresce quando o mantém buscando soluções. Muitas vezes ele ameaça com alguma perspectiva de fracasso se você não desistir imediatamente.

Alguns de seus comentários favoritos de desestímulo são: é muito complicado; é muito arriscado; vai demorar demais; dá muito trabalho; não dá para fazer; é errado; você não tem dinheiro suficiente; você não sabe o que está fazendo; é loucura. E ainda o favorito: é difícil demais. Naturalmente, se você insistir no projeto e tiver sucesso, o Ditador do mundo da dificuldade é o primeiro da fila para reivindicar o crédito pelo resultado!

Quando o ego começa a repetir suas frases venenosas e destrutivas, você tem um antídoto. Basta dizer: "isso não é verdade no caminho mais fácil, onde tudo é simples!". Você pode anular cada um desses comentários sabendo que no reino de todas as possibilidades a verdade é o exatamente oposto: "Eu tenho dinheiro suficiente *no caminho mais fácil.*" "Dá para fazer isso *no caminho mais fácil.*" "Isso é muito simples *no caminho mais fácil.*"

O ego se especializa na criação de mentiras que são o exato oposto da verdade, portanto, de fato, com essa técnica você pode usar os assustadores desestímulos do ego como exortações! Se o ego medroso for contrário a alguma coisa, provavelmente se trata de uma ideia fantástica!

MENTIRA DO DITADOR DO MUNDO DA DIFICULDADE: É fundamental ser melhor do que os outros.

A comparação é outro convite para o caminho mais difícil. É certamente uma coisa sutil e escorregadia. Ela é uma parte tão integral de nossa cultura e linguagem que podemos perguntar o que tem de errado. Melhor, pior; bonito, feio; rico, pobre; mais inteligente, menos inteligente, e assim por diante, até o infinito. A comparação é um jogo de julgamento, e a crítica é uma ferramenta exclusiva do ego medroso.

Você sabe que a criação tem por base a diversidade. Sendo assim, as comparações são absolutamente sem sentido. Todo aspecto de cada ser é exclusivo e necessário para atender ao desejo do Criador de experimentar todas as possibilidades de existência. Não há nada em toda a Criação que não atenda a esse desejo. Portanto, tudo tem seu próprio valor inigualável, independente de nosso julgamento. Alguém pode tentar se sentir melhor dizendo que o outro é mais gordo, menos inteligente ou mais pobre, mas isso só favorece o Ditador do mundo da dificuldade e nos mantém fora do caminho mais fácil.

Não vou sugerir que você abandone completamente a prática de comparar, pois os contrastes — muitos dos quais são benignos — tornam interessante a existência humana. O problema é a *intenção* por trás da comparação. Apenas preste atenção se usa a comparação para se sentir superior ou criar uma distância entre você e o outro, porque isso o deixará sob a jurisdição do Ditador do mundo da dificuldade, e a consequência disso é incorrer em risco de sofrimento.

O julgamento e a comparação catalisados pelo ego medroso são alimentados pelo medo de não sobreviver. Na Gestalt de quem executa o programa do Ditador do mundo da dificuldade o status é primordial para a sobrevivência. Pela ótica desse ditador, quanto mais alto o status, maior a probabilidade de sobrevivência.

De onde vem tanto medo?

Por que o DMD age dessa maneira? A principal tarefa do ego é executar os impulsos da parte mais primitiva do cérebro, aquela que a teoria do cérebro trino chama de "cérebro reptiliano". Reptiliano... réptil... serpente... parece familiar? O ego controlado pelo cérebro reptiliano é a entidade descrita como "a serpente" na história do exílio original da humanidade do caminho mais fácil — é a própria entidade que nos convenceu a sair dele!

Essa é a mesma entidade que dita sua saída do caminho mais fácil toda vez que isso acontece. A serpente da história representa o cérebro reptiliano, que não só seduziu Adão e Eva a saírem do Paraíso, mas também convida *você* constantemente a sair daquele mundo paradisíaco.

Permita-me garantir imediatamente que não estou difamando o cérebro reptiliano nem considerando "má" essa parte da anatomia. De jeito nenhum! Todo ser humano tem esse cérebro por uma razão. Ele é um componente vital para quem quer ser um humano dotado de corpo, porque mantém os batimentos cardíacos, a respiração, enfim, o funcionamento de todos os órgãos vitais sem que precisemos pensar nisso. O sistema nervoso autônomo é controlado por essa parte do cérebro.

Ele também é o mecanismo que cuida de outros aspectos da sobrevivência física. Ele é o que causa uma injeção de adrenalina no sistema para que você possa sair da frente do ônibus que pode atropelá-lo, afugentar um assaltante ou encontrar uma força sobre-humana para levantar um carro sob o qual está preso um ser amado. Ele também está alerta para qualquer ameaça à sua sobrevivência e à sobrevivência de sua tribo. Sim, antes de mais nada ele é a entidade da sobrevivência física. Contudo, a pedra fundamental dele é o medo — o medo de não sobreviver.

O cérebro reptiliano não acredita na capacidade do Espírito para perceber as operações instantâneas da Totalidade da Criação e para guiá-lo de acordo com elas. Na verdade, o cérebro reptiliano nem *sabe* da existência do seu Espírito. Ele não percebe os aspectos mais evoluídos do cérebro, que hospedam sua conexão com o Espírito, nem a sabedoria canalizada por esses aspectos. Ele é uma parte importante do seu sistema de sobrevivência no caminho mais difícil, mas é um péssimo guia para uma vida de harmonia. Ele não é projetado para isso; essa é a tarefa do seu Espírito.

Veja bem, quando você está no caminho mais fácil, deixando que seu guia pessoal naquele mundo — o seu Espírito — execute seu programa, você não está em rota de colisão com um ônibus. O Desígnio da Harmonia não permitirá que isso aconteça. Você jamais será atropelado por um ônibus no caminho mais fácil porque lá essas coisas não acontecem e não podem acontecer! No entanto, seu cérebro reptiliano, que evoluiu separadamente e antes do restante do cérebro, é incapaz de compreender isso, portanto continua a executar seu programa de "perigo à vista".

Se seu cérebro reptiliano tem um bordão, que é: "tem sempre alguma coisa ou alguém querendo destruí-lo". E como é nessa parte do cérebro que seu ego colhe insumos, esse é um dos bordões do ego e do caminho mais difícil. Você pode facilmente ver que isso não está de acordo com o Desígnio da Harmonia!

Já o Desígnio da Harmonia — o caminho mais fácil —, se tiver um bordão será: "Tudo e todos estão sempre procurando aumentar seu bem-estar." Tremendo contraste, não é mesmo? Estou certa de que você pode ver como a focalização no ego medroso o coloca no caminho mais difícil e como dar atenção ao Espírito o leva de volta ao caminho mais fácil.

O maior desmancha-prazeres

Seu ego medroso é cheio de truques e consegue rapidamente se aproximar, pegar o controle remoto e mudar o canal, antes que você perceba o que aconteceu. Ser capaz de reconhecer que isso ocorreu é importante para poder escolher o caminho mais fácil antes de mergulhar nas profundezas do mundo oposto.

Quantas vezes você se sentiu poderoso e cheio de esperança ou teve uma ideia estimulante e enriquecedora e estava voando alto, livre como um balão, quando de repente sentiu que alguém puxou a cordinha e o trouxe de volta à Terra? Ou explodiu o balão? Esse foi o Ditador do mundo da dificuldade, colocando você em seu lugar — ou melhor, no lugar *dele*.

Basicamente, seu ego medroso é o que popularmente chamamos de "desmancha-prazeres". Basta ter uma "onda" natural, daquela que sentimos ao expandir o coração e deixar o amor fluir livremente, elevando a frequência vibratória, aquele tipo de onda em que você sente que tudo é possível e que é fácil ascender ao céu com seu Espírito, basta isso para seu ego *pirar*. Ele se apressa em acabar com você, porque esse tipo de expansão lhe ameaça a própria existência.

Recentemente, eu estava cheia de alegria. Havia acabado de terminar minha aula de natação, o que sempre eleva minha vibração, e estava fazendo um inventário das bênçãos recebidas e sentindo muita gratidão e otimismo. De repente, senti minha vibração cair bruscamente. Foi como se uma porta subitamente se fechasse, bloqueando toda a energia que fluía dentro de mim.

"Você é uma idiota por se sentir tão bem. Alguma coisa pode acontecer e estragar tudo. Aí você vai se sentir muito mal!"

Foi apenas um pensamento rápido, não articulado, até que eu parei e decifrei a sensação. Meu ego medroso tinha roubado minha alegria na tentativa de me assustar com a possibilidade de minha alegria ser roubada!

Sinceramente! Esse DMD é um cara perverso — e eficaz.

Como reconhecer a presença do Ditador do mundo da dificuldade

Apesar de haver momentos como o que acabei de descrever, em que você percebe imediatamente que foi sequestrado pelo Ditador do mundo da dificuldade, isso nem sempre é tão óbvio. Esse tirano é tão insidioso que você pode não perceber que ele interferiu e pegou o controle remoto até estar mergulhado até o pescoço no papel que ele criou para você no canal 2 (em um melodrama, é claro). Contudo, se prestar atenção aos pensamentos e sentimentos e às sensações corporais, você pode escolher rapidamente o caminho mais fácil antes de ter mergulhado muito profundamente no domínio inverso.

Essencialmente, se seus pensamentos são sempre eivados de medo, o Ditador do mundo da dificuldade está por trás deles. Se os pensamentos forem de ambição ou direcionados para status, ideias defensivas ou retaliação, trata-se do DMD. Se seus pensamentos forem críticos ou condenatórios, lá está ele. Se o que você estiver ouvindo ou pensando for complicado ou tortuoso, também. Se a voz que você estiver ouvindo for estridente — bem, nem preciso dizer de quem se trata!

O vocabulário do DMD é outro indicador de que ele está no comando do controle remoto. Expressões como "elite", "superior", "exclusivo", "idiota", "contrário", "errado" — termos com conotação de crítica, oposição, divisão ou exclusão — são indícios seguros de que o ego medroso está dominando a cena e sufocando a voz amorosa de seu Espírito.

Preste atenção aos sinais corporais quando quiser discriminar se está ouvindo seu Espírito ou seu ego medroso. O corpo não mente, mesmo que o ego minta. O corpo é projetado para responder de forma muito definida aos diversos níveis de fluxo do Amor, ou à ausência desse fluxo. Apesar de termos quase esquecido essa ferramenta de monitoração da energia, podemos reaprender a confiar nela.

Quando o ego está interferindo, podemos sentir que ele bloqueia esse fluxo, represando a energia como as portas de uma represa que se fecham. O ego bloqueia o fluxo de modo que sua vibração fica mais baixa e você entra no caminho mais difícil. Quando isso acontece, nos sentimos embotados e fracos. Às vezes nos sentimos cansados. Naturalmente, isso sempre diminui o nível de alegria.

Há momentos em que o seu ego está com sorte, porque você está permitindo que fluam "coisas" — pensamentos e sentimentos menos felizes que você esteve combatendo — e por livrar-se delas talvez você se sinta cheio de energia, mas isso é temporário. A menos que você faça isso intencionalmente para "limpar a serpentina" de modo a elevar a vibração e voltar ao caminho mais fácil (tal como descrevo no capítulo 7), você sempre se sentirá pior depois.

Outro indício comum de que o ego medroso está presente é a contração do plexo solar. Esse é o parque de diversões favorito do ego no corpo, e você pode sentir um embrulho no estômago quando ele assume o controle total. (Na seção chamada "Ferramentas e técnicas para aumentar a frequência", no capítulo 7, dou algumas sugestões para solucionar esse problema. Veja "Acalmar o plexo solar".)

Se você começar a prestar atenção, logo ficará muito consciente das respostas de seu corpo a todos os tipos de influências e frequências vibratórias. Nunca é demais ressaltar a importância dessa percepção. Seu corpo foi projetado para ser um monitor de energia, e aprender a lê-lo lhe dará muito poder. Tal como um sistema de alerta precoce, seu corpo o avisará imediatamente, antes de qualquer outro indício mais desagradável, que o DMD chegou e você já não está mais no caminho mais fácil.

Para mais indicadores de que você está sob a influência do Ditador do mundo da dificuldade, você pode voltar ao capítulo 2 e examinar a lista de indícios de que saiu do caminho mais fácil.

Ditador do mundo da dificuldade: o mestre ventríloquo

Estou certa de que você já ouviu o DMD falar pela boca de outra pessoa. Sei que eu já ouvi! Na verdade, esse tirano muitas vezes nos fala por meio de outros. Parece que todos os egos medrosos conspiram e se apoiam para nos manter no caminho mais difícil.

Se você for suscetível a isso, é provável que seu ego medroso esteja buscando um parceiro que corrobore a opinião dele. Os egos medrosos adoram ser canalizados por terceiros e são absolutamente fortalecidos e incentivados pela concordância e aprovação alheias.

Quando você estiver verdadeiramente abrigado no caminho mais fácil, essas vozes deprimentes não serão audíveis, porque elas são transmitidas pelo canal 2 e você estará sintonizado no canal 1. No entanto, se mantiver um pé em cada mundo, você ficará suscetível aos convites para retornar ao caminho mais difícil, tanto do DMD em sua cabeça quanto daquele que parece falar por meio dos outros. Use esses convites como dicas de que deve escolher o mundo mais fácil!

Nossas crenças coletivas sustentam o mundo da dificuldade

Há milênios o ego medroso vem mentindo para os seres humanos, e com o tempo ele não só nos convenceu de que suas mentiras são verdade, mas também criou uma rede de enganos que a maioria dos humanos acredita ser simplesmente *a forma como as coisas são*. Isso é o caminho mais difícil: uma rede de mentiras. Não há nele qualquer autenticidade; ele é totalmente formado de ilusões tecidas por esse supremo falsificador que mora dentro de cada um de nós.

Assim, temos hoje um conjunto imenso e complexo de sistemas de crenças criados pelo Ditador do mundo da dificuldade e propagados tanto no nível individual quanto no nível coletivo. Nascemos dentro desses sistemas e fomos programados por eles desde o início de nossas vidas. A menos que decidamos escolher o caminho mais fácil, ficaremos presos nesses sistemas até morrer, sustentando o do mundo da dificuldade para todos e também para nós mesmos.

Escolha qualquer tema e você encontrará em torno dele todo um sistema de crenças do caminho mais difícil. Essas são ideias que foram promulgadas pelo DMD e adotadas por toda a nossa cultura, tornando-se verdadeiras no caminho mais difícil. Podemos reconhecer algumas delas:

- Nada que valha a pena é fácil.
- A vida é difícil e no final você morre.
- Se alguma coisa pode dar errado, dará.
- Se encontrar um obstáculo, esforce-se mais.
- Quem não arrisca não petisca.
- É preciso engolir sapo e se obrigar a fazer certas coisas.
- A riqueza é a chave para a segurança.
- Quanto mais você trabalhar, mais sucesso terá.
- Na vida, nada vem de graça.

... e muitas outras. Essas crenças estão de tal modo arraigadas no inconsciente coletivo que se tornaram clichês! Tenho certeza de que você é capaz de criar sua própria lista. Naturalmente, nada disso é verdade — pelo menos no caminho mais fácil!

Como criamos nossas experiências de acordo com nossas crenças, quanto mais você acreditar nesses conceitos, mais criará provas para apoiá-los. Quanto mais provas encontrar, mas acreditará neles, porque são sustentados por essas provas. E ainda existem todas as outras pessoas que concordam com a veracidade daquilo — afinal, basta ver as provas. Que sistema perverso!

Sendo assim, qual é a resposta?

Bem, com certeza você não consegue ser mais reativo que o mestre da resistência. Quando resiste a qualquer coisa *relacionada ao* DMD ou em resposta a ele ou a qualquer outra coisa, você volta a cair em suas garras. Portanto, combater o ego medroso só vai piorar as coisas, porque quanto mais frustrado ou zangado você estiver, mais dará a ele uma dose da energia que ele prefere.

Lembre-se, o Ditador do mundo da dificuldade se alimenta de sua frustração, revolta e raiva. Portanto, lutar *contra* essa entidade e sua dinâmica potencialmente enlouquecedora é completamente destruidor para nós e só o fortalece.

Naturalmente, o meio de ter sucesso contra o DMD é escolher o caminho mais fácil! Quando o faz, você não se opõe ao que *não* quer; você aceita o que quer. Dessa forma, você atua fora do território do ego medroso e hostil. Sempre que *aceita*, *abraça* ou *permite* em vez de rejeitar, bloquear ou resistir, automaticamente você se eleva acima do DMD.

Essencialmente, ao escolher o caminho mais fácil você escolhe permitir que o Amor/Força Vital flua livremente para dentro e por dentro de você sem impedimento ou resistência. O Amor é a chave para entrar no caminho mais fácil. Porém, o ego medroso é alérgico ao Amor.

No entanto, quando decide não permitir que por qualquer motivo o fluxo do Amor dentro de você seja reduzido e decide *nem mesmo se irritar com o DMD*, você efetivamente neutraliza essa entidade e se eleva ao nível em que o caminho mais difícil não existe e o caminho mais fácil determina sua experiência.

Gostaria de poder dizer que isso acontecerá instantaneamente, mas você precisará ter paciência. (Afinal, a impaciência é o campo de ação do DMD!) Você passou uma vida construindo barreiras ao Amor e respondendo ao chamado do ego medroso para o caminho mais difícil, e esse é um hábito enraizado.

No entanto, com o tempo, depois de ter mais prática em manter o fluxo em qualquer situação, você será capaz de permanecer no canal 1 por períodos mais longos, sem interferência. Quanto mais ficar no caminho mais fácil, mais você terá o poder para permanecer lá. Enquanto isso, você agora tem as ferramentas para perceber onde sua consciência está — quem está com o controle remoto — e pode usar essas ferramentas para se lembrar de voltar a escolher o caminho mais fácil tantas vezes quanto for necessário.

Embora nesse momento possa parecer que o Ditador do mundo da dificuldade é mais forte, ele só tem o poder que atribuímos a ele. Quando você decidir não resistir — e sei que isso parece difícil — e aprender a realmente valorizar no DMD a persistência, a devoção a uma causa e a capacidade de cumprir sua tarefa, aí você o privará de poder.

Sim, eu sei: normalmente quando valorizamos alguém, aumentamos o poder dessa pessoa. Mas lembre-se: o programa do Ditador do mundo da dificuldade é o oposto. A valorização faz com que ele desapareça!

A valorização, esse antídoto superpoderoso da resistência, também é uma expressão do caminho mais fácil, assim como aceitar, receber e permitir. Portanto, em vez de se opor ao DMD e torná-lo mais forte, você pode preferir apreciá-lo. Quando percebê-lo por perto, cumprindo seu papel, você pode dizer algo como "Nossa, você é maravilhosamente decidido!" ou "Você está sendo muito eficaz na tarefa de manter o caminho mais difícil!"

Se apreciar as qualidades do DMD for muito difícil, você pode se treinar para valorizar outra coisa sempre que perceber que o ditador está ativo. Pode ser qualquer coisa. Uma vez que você esteja no estado de espírito de *valorizar e aceitar* algo, você para de resistir. Sugiro que você se treine para apreciar o caminho mais fácil sempre que precisar mudar de realidade. No meu caso, descobri que basta simplesmente dizer: "Eu amo, amo muito, adoro o caminho mais fácil!"

Demita o Ditador do mundo da dificuldade

Aqui vai um alimento *poderoso* para os neurônios: e se nós formos empregados do Ditador do mundo da dificuldade? E se *somos nós* que damos a ele esse emprego? E se nós, na qualidade de seres curiosos e aventureiros, dotados de livre-arbítrio e que há muito tempo decidimos que gostaríamos de explorar novos domínios fora do caminho mais fácil, precisávamos do DMD para conseguir isso?

E se o Ditador do mundo da dificuldade fez um trabalho tão bom e nós mergulhamos tão fundo naquele mundo que esquecemos de como sair de lá? E se até mesmo esquecemos a existência de qualquer outro lugar? E se nós achamos que a voz do DMD era algum sistema de orientação que deveríamos seguir? E se isso era parte do plano no início, mas esquecemos desse detalhe por estarmos anestesiados em uma frequência vibratória mais baixa?

E se a leitura deste livro foi o recurso descoberto por seu Espírito para lembrar-lhe de tudo isso e lhe mostrar como contornar o DMD e encontrar o caminho para casa no caminho mais fácil?

Ao escolher o caminho mais fácil, reduzimos o poder do Ditador do mundo da dificuldade. Ao fazer isso *repetidamente*, nós o demitimos; na verdade nós tornamos obsoletos o ditador e seu mundo. E mesmo que ainda não tenha chegado seu momento de ser capaz ou estar pronto para voltar ao caminho mais fácil para sempre, você pode pelo menos dar ao DMD um emprego de meio período para que você possa passar mais tempo onde deseja estar: no caminho mais fácil.

Eu escolho viver no caminho mais fácil,
onde tudo é simples.

6

A ação no caminho mais fácil

A ação é uma faceta muito importante do caminho mais fácil. Ao ouvir falar desse mundo pela primeira vez, muita gente pode cometer o erro de pensar que lá não se faz nada — todos se limitam a deixar que a mágica do Universo e seus agentes façam tudo por nós, enquanto ficamos deitados comendo bombons. Isso não seria divertido? Ora... será que depois de dois dias ainda seria divertido?

Embora existam muitas oportunidades de ficar completamente relaxado sem fazer nada para manifestar nossas intenções enquanto tudo dá certo como por mágica, o caminho mais fácil não é um lugar passivo. De forma alguma. Naquela realidade, nossa participação é vital.

Somos seres humanos, com desejo e uma tendência natural para a ação, além de uma paixão por determinadas atividades que nos trazem muita alegria. Nossos corpos, obras-primas da cinética, foram feitos para serem instrumentos de ação. Portanto, é claro que o caminho mais fácil inclui ação. Mas não se trata de qualquer ação, nem a qualquer momento. O que fizermos precisa estar alinhado ao Desígnio da Harmonia, e precisamos agir no momento certo.

Quando está alinhada ao Desígnio da Harmonia, nossa ação não envolve esforço; quase sempre é profundamente gratificante e costuma ser divertida. E naturalmente, é fácil! A ação naquele mundo nunca é difícil ou enfadonha. Embora algumas vezes seja um desafio, ela sempre nos parece correta e harmoniosa. Caso contrário, você não está no caminho mais fácil e precisa voltar para lá!

No caminho mais fácil, simplesmente permanecemos relaxados, fazendo o que dá prazer e alegria (prazer e alegria são os sinais de que estamos em alinhamento). Embora muitas vezes seu desejo seja fazer o equivalente a ficar deitado comendo bombons — como tirar um cochilo, ler um livro, jogar ou fazer jardinagem, atividades muito valorizadas no caminho mais fácil —, haverá momentos em que você estará muito mais ativo, dependendo do que queira fazer. E também, com certeza, haverá momentos em que sentirá um impulso de agir com foco, dinamismo e assertividade.

Se houver qualquer coisa em particular que precisemos fazer para propiciar a manifestação de um desejo, a resolução harmoniosa de um problema que criamos no caminho mais difícil ou qualquer outra questão, nós *desejaremos* agir e saberemos intuitivamente o que fazer. Ninguém se força a agir no caminho mais fácil. Se você precisar se *obrigar* a fazer alguma coisa, saberá que escorregou de volta para o caminho mais difícil.

Para estar em alinhamento com o Desígnio da Harmonia, sua ação deve estar de acordo com as diretrizes muito simples que orientam a ação no caminho mais fácil e que diferem *muito* das diretrizes do mundo oposto. Quando essas condições de ação harmoniosa prevalecem, experimentamos um sucesso inegável e uma expansão da alegria e do sentimento de realização. Esse tipo de ação é fácil e eficiente. Não é laboriosa ou exaustiva, e certamente nunca é fútil, como tantas ações no caminho mais difícil.

O que é preciso fazer para garantir que estamos alinhados com o caminho mais fácil quando agimos? O único tipo de ação que ocorre naquele mundo é a ação inspirada e cheia de energia. Portanto, a lei para a ação no caminho mais fácil é: *agir somente quando estiver inspirado e energizado.*

Um impulso

Vamos examinar as palavras "inspirado" e "energizado". Estar inspirado significa estar internamente motivado por seu Espírito. Como sempre está em perfeito e contínuo alinhamento com a Fonte e com o Desígnio da Harmonia, seu Espírito sempre sabe exatamente o que precisa ser feito. Ele está consciente não só do que é preciso fazer, mas também do momento exato em que sua ação dará frutos, o momento em que você deve agir. Só então ele lhe dá o sinal verde para agir.

Muito raramente o Espírito lhe diz antecipadamente qual deve ser a ação apropriada e quando realizá-la; você também não receberá a energia para realizar uma tarefa antes de lhe seja dada a inspiração. Você saberá o que deve fazer no momento certo, e receberá também a energia para fazê-lo.

Seu Espírito fornece a informação e a energia quando necessário; ele está continuamente sintonizado com o monitoramento da Totalidade da Criação, uma entidade sempre em mutação. Coordenar-se com ela exige que se esteja inteiramente presente no momento. Você pode receber dicas sobre o que deverá fazer no futuro, mas não confie nessas intuições, porque provavelmente são sugestões do ego. E o que parece ser necessário no momento pode não ter nada a ver com o que precisará ser feito quando for a hora de agir.

Como seu Espírito o inspira? Ele lhe dá a informação por meio de um impulso ou pensamento que pode vir na forma de uma percepção repentina ou um insight, uma descoberta sutil ou até mesmo uma sugestão inconsciente sobre o que é preciso fazer para promover uma solução perfeita e harmoniosa dos problemas. Seu Espírito lhe dará o sinal para cumprir seu papel quando as condições forem exatamente corretas.

Naturalmente, é preciso que você esteja disponível para *receber* esses sinais do Espírito. Se você estiver preocupado tentando resolver os problemas ou *fazer* algo acontecer, estará definitivamente fora do caminho mais fácil e provavelmente não estará acessível quando o Espírito o alertar para realizar a ação ideal que trará uma solução eficiente.

Não é só isso: se você agir enquanto estiver no caminho mais difícil e em vez de seguir os impulsos do seu Espírito, basear sua ação nos incentivos do ego medroso, poderá muito bem fazer o contrário a seus interesses ou aos interesses dos outros. Para receber inspiração referente à ação necessária para promover seu bem-estar e o de todos *você precisa estar suficientemente relaxado e acessível.*

Não é um alívio saber que ficar relaxado e fazer o que parece agradável não é algo de que se envergonhar, como você poderia pensar, mas o próprio requisito para garantir que as coisas se resolvam?

O surto

Juntamente com a inspiração, você terá a energia para fazer o que deve. Estar *energizado* significa que cresceu dentro de você a energia necessária para fazer o que é preciso. Quando você recebe um impulso do Espírito para fazer algo, também sente crescer dentro de si a energia para fazê-lo. Em outras palavras, juntamente com um *impulso*, você sentirá uma onda de energia.

Quando é hora de agir, não lhe acontecerá ter uma ideia, mas estar cansado demais para colocá-la em prática. Se você estiver cansado demais ou não quiser fazer algo, isso indicará que não é a hora certa. Quando chegar a hora e você estiver no caminho mais fácil, haverá tanto uma inspiração quanto uma energia irreprimível para agir. Pode ter certeza disso. Mesmo que se trate de algo que você não estava muito a fim de fazer, a energia o conduzirá e você terminará a tarefa sem esforço.

Às vezes, quando surge dentro de você uma energia em resposta a uma inspiração, trata-se de uma sensação sutil. É possível que antes de perceber, você já esteja automaticamente realizando a ação adequada. Em outros momentos, aquilo vai borbulhar com tanta força que será impossível continuar parado — você simplesmente *precisará* agir para não explodir! Quando isso acontece, é altamente desaconselhável resistir a esse impulso. Sim, opor-se à energia de uma inspiração nos remove imediatamente do caminho mais fácil, tal como fazer o oposto — agir sem inspiração ou sem a energia correspondente.

A energia para agir sempre será proporcional ao que precisa ser feito. A energia sempre acompanha a inspiração, mesmo que, por exemplo, seja suficiente apenas para dar um telefonema. Às vezes essa é a única ação necessária. Se você for inspirado a fazê-lo e se for o nível de energia que experimenta, pode ter certeza de que naquele momento um telefonema é suficiente. Tentar fazer mais antes da hora só irá tirá-lo do caminho mais fácil.

Você vai descobrir que um dos truques favoritos do ego para nos levar de volta ao caminho mais difícil é dizer que estamos sendo preguiçosos quando fazemos apenas o correspondente à energia que temos para agir. Não caia nessa. Quando você relaxa sabendo que sempre receberá a quantidade exata de energia para cumprir seu papel a cada momento, experimenta a mágica do mais fácil e vê que tudo acontece com eficiência, e na hora exata.

Basta confiar que, se necessário, mais energia será fornecida. No caminho mais fácil, você nunca será chamado a fazer algo sem ter a energia correspondente. Não se pode dizer o mesmo do caminho mais difícil, como você certamente já verificou.

Nenhuma inspiração ou energia? Então estamos diante de uma dessas três situações:

Se você percebeu que é preciso fazer alguma coisa e escolheu o caminho mais fácil, mas não tem inspiração nem energia para agir, então esteja certo de que se trata de uma das três situações a seguir:

1. Ainda não é hora de agir (e a inspiração e a energia vão surgir quando for a hora).
2. A tarefa em questão é atribuição de outra pessoa, e você precisa relaxar e deixar que ela seja atendida por quem for inspirado e energizado para realizá-la. (Aos outros seres humanos que nos auxiliam no caminho mais fácil dou o nome de "agentes".)
3. Ao contrário do que parece, tal tarefa não precisa ser feita. (Mais tarde você saberá por quê.)

Minha história favorita que ilustra a situação nº 2 é bastante trivial e pessoal. Uma manhã, ao terminar de tomar o café, percebi que tinha comido todas as frutas da casa. Eu estava gostando muito de comer frutas vermelhas no desjejum e fiquei triste ao perceber que não havia sobrado nenhuma para o dia seguinte.

Meu ego sugeriu que eu saísse e comprasse mais frutas para ter certeza de não ficar sem, mas eu estava envolvida em um projeto de livro e embora quisesse muito as frutas, simplesmente não sentia a inspiração e a energia para ir até o mercado comprar mais. Portanto, dei de ombros e pensei: "Eu vou conseguir as frutas de alguma maneira." Meu eu inseguro completou: "Mas se não der, não vou morrer se ficar sem elas." Suspirei, tornei a invocar o caminho mais fácil e voltei a escrever, esquecendo completamente o problema.

Quando Rick chegou em casa à tarde, de volta do trabalho, chamou: "Querida, trouxe uma surpresa para você!" Feliz com a animação na voz dele e com a perspectiva de uma surpresa, corri ao seu encontro para ver o que era. Para meu encantamento, eram diversas caixas de framboesas e mirtilos!

É importante saber que eu não falei a ele sobre as frutas ou a falta delas. Na verdade, deixei a questão totalmente de lado e provavelmente nem teria pensado nela antes do café da manhã do dia seguinte. Quando perguntei a ele por que razão comprou as frutas, a resposta foi: "Ah, eu sei que você está adorando comer frutas frescas no café da manhã e elas estavam em promoção, portanto, no caminho para casa resolvi parar no mercado e comprar algumas caixas."

Perfeito! Eu estava no caminho mais fácil. Tive um desejo e confiei que de alguma maneira ele seria atendido. Eu não me obriguei a prejudicar meu trabalho de escrita para ir até o mercado quando não tinha inspiração nem energia para isso. Ao contrário, esqueci todas as preocupações (basicamente, saí do caminho) e o caminho mais fácil agiu como sempre faz.

E eu não fui a única a ser beneficiada. Rick estava sintonizado com sua própria inspiração e ficou feliz por estar alinhado ao Desígnio da Harmonia, colocando em prática a ideia e a energia comunicadas a ele pelo próprio Espírito. Como agente do caminho mais fácil, seguindo sua inspiração para entrar em ação, ele melhorou a própria experiência e também a minha. Ele se sentiu feliz. Eu me senti feliz. Definitivamente, o caminho mais fácil é o domínio no qual todos ganham.

Tudo o que precisa ser feito é feito no caminho mais fácil

Podemos pensar que, se relaxarmos e não nos esforçarmos, esqueceremos ou deixaremos de fazer o que achamos necessário, e então nosso pequeno universo entrará em colapso. Afinal, há tanta coisa a fazer! Mas os egos medrosos nos dizem que não há tempo e recursos suficientes para realizarmos tudo o que é preciso, e isso nos deixa perturbados — termo científico para definir o estado em que nos encontramos quando somos suficientemente sugados para dentro do vórtice do caminho mais difícil. E naturalmente isso garante que fiquemos agitados demais para ser produtivos.

A ideia de que temos muitas coisas para fazer e pouco tempo e energia para realiza-las não é verdadeira, por mais real que pareça. Esse conceito é (que surpresa!) outra armadilha do ego para nos atrair para o caminho mais difícil. O ego medroso é um grande especialista na criação de um holograma assustador para nos intimidar e nos fazer perder o equilíbrio.

O Ditador do mundo da dificuldade sabe que nos deixará exatamente onde deseja graças ao estresse causado pelo sentimento de estar assoberbado e pressionado, de enfrentar o que parece impossível e, para completar, de temer um desastre iminente... a não ser que escolhamos o caminho mais fácil, o antídoto para o excesso de pressão.

Sempre há tempo para fazer tudo o que realmente precisa ser feito no caminho mais fácil. Quando necessário, nesse domínio fantástico que não se ajusta às mesmas leis físicas do mundo da dificuldade, o tempo pode até ser esticado! No caminho mais fácil o tempo é elástico e pode ser expandido e contraído de acordo com a necessidade. Lembra-se da história que contei no capítulo 3 sobre a viagem ao lago Michigan — aquela em que chegamos ao destino em um tempo que teria sido impossível se calculado por meios comuns? As restrições físicas do tempo e do espaço que prevalecem no mundo da dificuldade não têm necessariamente um papel ativo no caminho mais fácil.

Quando estamos naquele mundo ideal, tudo o que é necessário fazer pode ser realizado no tempo certo e com perfeita eficiência enquanto permanecermos relaxados, confiantes e alegres. E em geral quando nossa mente dirigida pelo ego nos diz que algo *tem* de ser feito, não é verdade. O que não precisa ser feito imediatamente pode ser adiado até o momento correto ou então desaparece.

E tal como aconteceu em minha história sobre a surpresa das frutas vermelhas, qualquer coisa que precise ser feita agora, mas para a qual você não tenha inspiração ou energia, é realizada como por mágica pelos agentes do caminho mais fácil.

"Deve" é a cara do mundo da dificuldade

É vital aprender a diferença entre um chamado do nosso Espírito e o chamado do ego medroso — próprio ou alheio. Qualquer solicitação que não venha do Espírito na forma de inspiração provavelmente poderá ser classificada como "deve", "precisa", "espera-se que" ou "tem que". Isso nos dá uma sensação de pressão e gera resistência e desconforto.

Naturalmente o "deve" e o "espera-se que" são apenas recursos do ego para nos tirar do caminho mais fácil. Quando aceitamos esses motivadores originários do próprio ego medroso ou do ego de alguém que tem influência em nossa vida, encontramo-nos diretamente no centro do caminho mais difícil, cheios de ressentimento. O ressentimento definitivamente é uma âncora dessa realidade.

Por que deveríamos permitir que as exigências ditadas pelos egos alheios comandem nossas ações? Porque temos medo de sermos menos amados, de perdermos status ou de qualquer outra consequência indesejável. Adivinhe? Essa é outra armadilha do DMD para nos manter no caminho dele. (Sempre que o medo estiver presente, você já sabe quem está por trás!) Com certeza você pode fazer com que as coisas aconteçam da maneira que você teme, mas não tem que ser assim.

Quando honra seus sentimentos e diz "não" às coisas que os outros querem que você faça, mas para as quais você não está inspirado e energizado, está fazendo um favor a ambos. Você honra o Desígnio da Harmonia e faz à outra pessoa um convite para se reunir a você lá. O outro pode não apreciar devidamente o fato naquele momento, mas conseguirá depois, tal como aconteceu a uma amiga minha quando recusei o convite dela para jantar há alguns anos.

Eu tinha estado na casa dela alguns dias antes para jantar, e quando ela tornou a me convidar, não senti a inspiração e a energia para ir. Ela acabara de se separar do marido, e eu sabia que ela estava solitária. Como amiga, naturalmente teria ido se tivesse a menor inspiração para fazê-lo, mas quando ela me convidou senti fortemente que não era o que devia fazer. Pude sentir que o ego medroso dela me convidava para tentar evitar ficar sozinho consigo mesmo e encarar o inevitável.

Pensei um pouco se *deveria* ir, mas a resposta claramente foi negativa. Quando eu disse gentilmente, mas sem me desculpar, que ir à casa dela não era o que eu precisava fazer naquela noite, ela me perguntou se eu já tinha outros planos. Quando eu disse que não sem oferecer qualquer justificativa senão o fato de sentir que não era a coisa certa a fazer, o silêncio pesou, mas ela aceitou a recusa sem protestar.

Foi somente muitos anos depois — quando eu já tinha esquecido completamente o caso — que ela tornou a mencioná-lo; e, quando o fez, foi para agradecer.

"Quando você fez aquilo, fiquei sentida", admitiu, "mas sei que você fez a coisa certa. Naquela noite, quando fiquei sozinha, consegui perceber meu sentimento de abandono e pude começar a me curar. E a maneira como você agiu me ensinou uma lição valiosa sobre ser fiel a si mesma. Como *você* foi fiel *a si mesma* e me disse 'não' quando aquilo parecia certo para você, sem hesitação ou desculpas, aprendi como é ser assim. Agora eu faço isso. Sou realmente grata por essa experiência. Ela me libertou!"

Uma das coisas mais enriquecedoras que podemos fazer por nós e pelos outros é ser fiéis a nosso relacionamento com o Desígnio da Harmonia e fazer apenas o que somos inspirados a fazer. Preste atenção às suas motivações para agir, e se houver um "deveria" por trás, pense bem se seguir tal impulso vai melhorar sua vida. (Uma dica: agir fora do Desígnio da Harmonia nunca melhora nossa vida.) Se notar que não vai, procure ter certeza de que está no caminho mais fácil, centrado no amor, e deixe-o passar da forma mais clara e gentil possível.

Você pode ter certeza de que fazer alguma coisa que não parece certa para você não será certo para os outros também. No caminho mais fácil, a única razão para se agir é a *inspiração*. O que quer que se faça por qualquer outro motivo não pertence àquele mundo e não está em alinhamento com o Desígnio da Harmonia, portanto, ninguém ganha.

Embora os "deveria" geralmente sejam fornecidos pelos outros, eles também podem ser nossos pensamentos baseados em conclusões que tiramos do mundo ao redor. Eles talvez sejam regras aprendidas com nossos pais, professores ou quaisquer outros exemplos de comportamento. Veja que ironia: você ainda pode estar deixando que suas ações sejam ditadas pelos egos de indivíduos que já saíram de sua vida há décadas, e que podem até mesmo não estar mais nesse planeta!

Basta dizer sim para o caminho mais fácil e automaticamente dizemos não aos "deveria".

No caminho mais fácil não existe adiamento

O adjunto do "deveria" é a "postergação". Esse é um dos diversos métodos pelos quais o Ditador do mundo da dificuldade nos sabota. No caminho mais fácil não há procrastinação, porque não existe pressão arbitrária para se fazer qualquer coisa. Não há nada a que resistir. Ou se está naturalmente inspirado e energizado, ansioso por fazer algo, ou não se faz nada.

A procrastinação acontece quando você tenta reter ou recuperar, por meio da resistência, a própria autonomia energética. É quando você se recusa a fazer algo sem estar inspirado e energizado para isso. Naturalmente, esperar a inspiração e a energia é uma a atitude característica do caminho mais fácil. No entanto, quando a resistência entra em cena, você está no caminho mais difícil.

É impossível estar no caminho mais fácil, afinado com o Desígnio da Harmonia e com a orientação do seu Espírito, quando se está ocupado rebelando-se contra quem quer que esteja propondo o "deveria", seja sua mãe, seu cônjuge ou o DMD em sua mente. Para vencer a postergação é preciso deixar de lado a resistência.

Tudo o que você precisa fazer é simplesmente invocar o caminho mais fácil, respirar, relaxar, aceitar e desfrutar, além de confiar que terá inspiração e energia para fazer o necessário quando chegar a hora, sem se importar com o que qualquer um, inclusive seu ego, possa dizer. Se você é um procrastinador confesso, talvez se surpreenda com a quantidade de energia que libera e com a produtividade que adquire quando abre mão da resistência e age em sintonia com as diretrizes para a ação no caminho mais fácil!

Não importa o que lhe diga seu ego medroso, às vezes a ação ideal é *não agir* — o que alguns podem corretamente chamar de procrastinar. Às vezes há uma razão importante por trás do adiamento de alguma coisa que *parece* urgente. Isso ficou claro para mim com o episódio doméstico que relato a seguir.

Mantenho um grande vaso de flores na varanda da minha casa durante todo verão, e já fazia algum tempo que eu não as regava. Eu sabia que elas deviam estar com muita sede, mas continuei sem regá-las. Às vezes me esquecia delas e só as enxergava quando estava saindo atrasada para algum lugar, sem tempo de parar, ou quando estava voltando com os braços ocupados e passava os olhos sobre elas, mas tornava a esquecê-las.

Ou ainda, e essa é a parte mais curiosa, pensava em regá-las e esquecia a ideia sem qualquer outro motivo senão o fato de não ter vontade de fazê-lo; o tempo todo pensava qual era o motivo de estar adiando essa ação quando era algo tão fácil e que evidentemente precisava ser feito. As plantas ficavam cada dia mais secas enquanto eu parecia incapaz de tomar uma providência.

Por enquanto, as flores não pareciam estar sofrendo, mas eu sabia que seria um estresse para elas se eu não lhes matasse a sede muito breve. Comecei a me sentir ansiosa sobre uma questão que na verdade era bastante inócua, portanto decidi relaxar no melhor estilo do caminho mais fácil e confiar que no momento certo seria inspirada a regar as plantas. Achei que em algum momento seria capaz de entender essa estranha paralisia da vontade, e é claro que isso logo aconteceu.

No final da tarde, enquanto olhava pela janela o dilúvio que se abateu lá fora, vi que o vaso estava sob a marquise que protege a entrada na casa e não estava recebendo nem uma gota da torrente que caía do céu. Naquele momento senti um impulso e uma onda de energia, e imediatamente peguei o regador, porque finalmente havia surgido a inspiração para regar as flores.

De pé na varanda coberta em plena tempestade, observando o cenário depois de dar água para as flores, percebi que a água estava refluindo do ralo, porque uma das calhas da frente estava solta. A água já não estava sendo conduzida para o quintal, mas saía diretamente no chão ao lado da janela do porão!

Nós já havíamos passado por uma inundação do porão exatamente por aquele motivo, e por isso havíamos instalado novos ralos e calhas. Acreditando que o problema estava resolvido, nunca mais nos preocupamos em conferir as calhas. Felizmente, Rick conseguiu reinstalar rapidamente o longo cano que se havia soltado, evitando assim um desastre.

Se eu tivesse regado as flores em qualquer momento nos dias anteriores, quando pensei em fazê-lo, provavelmente eu não estaria na varanda durante o temporal, e ali era o único lugar de onde aquela calha específica podia ser vista sem que fôssemos ao quintal — o que não faríamos durante uma tempestade. Como fiquei feliz por não ter me obrigado a regar as flores antes e por ter seguido as diretrizes para a ação no caminho mais fácil!

Assim que você desistir da procrastinação — assim que parar de se rebelar contra as vozes externas e internas que tentam levá-lo a agir de acordo com um programa que não vem de seu Espírito — você se libertará para receber a verdadeira inspiração acompanhada de motivação e energia para agir imediatamente quando necessário.

Mais uma jogada assustadora do ego medroso

Além de tentar obrigá-lo a agir em momentos que não estão de acordo com o Desígnio da Harmonia ou a fazer coisas que não precisam ser feitas, o DMD muitas vezes desautoriza os impulsos para a ação que vêm do seu Espírito. Se esses impulsos não parecem combinar com a percepção do ego sobre o que precisa acontecer ou, pior ainda, se a instrução parece pouco lógica, quase sempre o ego lhe dirá com desprezo que a sugestão de seu Espírito não faz sentido e deve ser ignorada. Cuidado.

É claro que você sabe que embora possa não entender completamente porque está sendo inspirado a fazer — ou *deixar* de fazer — alguma coisa, e aquilo talvez não faça sentido para você, a orientação do Espírito nunca lhe dirá para fazer algo prejudicial. Se você sentir que está sendo levado a fazer algo prejudicial, tal orientação não é do seu Espírito, e você só precisa invocar mais uma vez o caminho mais fácil e continuar sintonizado para receber uma inspiração verdadeira.

Apesar de muitas vezes ser orientado a fazer algo que o ego de alguém não aprova, você jamais será inspirado a fazer algo prejudicial. Quase sempre o que você é orientado a fazer no caminho mais fácil acaba por ampliar em todos os envolvidos o sentimento de integridade, felicidade e realização. E sempre contribuirá para gerar mais bem-estar para todos.

Uma grande bênção: ser um agente do caminho mais fácil

Sim, agir é parte intrínseca da vida no caminho mais fácil, não só para atender a nossas próprias necessidades, intenções e desejos específicos, mas também de modo a ser um *agente* daquela realidade, trazendo progresso para o Todo. Tudo o que acontece no caminho mais fácil afeta de forma benéfica todas as partes da Criação.

Mesmo quando sua ação parece puramente egoísta, sempre haverá benefícios para tudo e todos, assim como para você, desde que você esteja sintonizado com o Desígnio da Harmonia por seguir os princípios da ação no caminho mais fácil. Tudo o que você faz naquele mundo contribui para a grande dança da evolução que ocorre lá o tempo todo.

Apesar de raramente podermos ver como nossas ações no caminho mais fácil podem causar uma diferença profunda e criar mais bem-estar para todos, tenha certeza de que isso realmente acontece — até mesmo com uma ação tão pequena que pareça insignificante. Quando você está lá, não só tudo atua em conjunto para amparar seu bem-estar, mas cada coisa que *você* faz é parte integral da mágica daquele mundo. Não é maravilhoso?

> Eu escolho viver no caminho mais fácil,
> onde tudo é simples.

7

Como encontrar o caminho mais fácil na escuridão

É possível que pelo menos em algumas ocasiões não consigamos entrar no caminho mais fácil da forma habitual. Embora nem sempre seja possível identificar por que isso acontece, o mais comum que ocorra quando estamos enrolados com aquilo que chamamos de "problemas". No caminho mais difícil, estamos sujeitos a passar por situações que vão de pequenos aborrecimentos à angústia mais profunda.

Enquanto ainda estamos vivendo pelo menos parte do tempo no caminho mais difícil (e quem não está nesse ponto?), os problemas são uma realidade, porque estaremos no próprio reino dos problemas! Lá você está vulnerável a confusão, conflito, fragmentação, fraqueza, e os efeitos não são agradáveis — a não ser para o Ditador do mundo da dificuldade.

O DMD *precisa* de problemas para nos manter presos em seu domínio; os problemas alimentam o caminho mais fácil e seu ditador. Portanto, essa entidade faz hora extra para garantir que vai transformar toda situação num problema, levando-nos a colaborar com ele em sua atividade favorita: fazer oposição. Nesses momentos, o DMD realmente se esmera em nos impedir de relaxar e aceitar, as ações-chave para entrar no caminho mais fácil.

A culpada é a resistência

Tal como acontece com aqueles tubos chineses de palha trançada que, quando colocamos os indicadores nas duas extremidades, eles apertam e prendem nossos dedos se tentarmos retirá-los, o caminho mais difícil nos aprisiona quando tentamos resistir a alguma situação. É uma armadilha. Quanto mais resistência aplicarmos, mais difíceis e dolorosas ficarão as situações; quanto mais a situação nos desagrade, pior nos sentiremos; quanto mais fundo mergulharmos no caminho mais difícil, mais sombrias serão as coisas, e assim por diante.

Embora seja totalmente compreensível que você fique perturbado e tente resistir a certos acontecimentos — aquilo que qualificamos como problemas sérios, como perder o emprego, a casa, contrair dívidas, sofrer de uma doença grave, se divorciar ou perder uma pessoa amada —, isso não altera o fato de que a causa da dor é a *resistência* ao sofrimento. Lembre-se, a resistência causa atrito, e o atrito causa dor. Quanto mais resistimos, mais duradouro será o sofrimento.

Não conseguiremos escapar enquanto não relaxarmos e pararmos de resistir. E a cura para isso é abraçar, aceitar e permitir. Mas como é possível fazer isso quando desejamos desesperadamente que algo *não* esteja acontecendo e o Ditador do mundo da dificuldade fica constantemente voltando nossa atenção para os aspectos dolorosos e assustadores do problema? Como relaxar e aceitar quando o DMD é como uma garra a nos prender e não vai voluntariamente permitir que deixemos o caminho mais difícil?

Você precisa *tranquilizá-lo* para poder sair pela porta dos fundos e entrar no caminho mais fácil. Você precisa fazer aquilo que debilita o ditador, para que ele seja incapaz de resistir. Tal como podemos fazer um crocodilo dormir se o virarmos de costas e esfregarmos areia na barriga dele, certas atividades conseguem adormecer o DMD e fazê-lo entregar os pontos. Quando isso acontece, você ascende ao caminho mais fácil.

Quando não estiver conseguindo entrar no caminho mais fácil por qualquer razão, você só precisa anestesiar o DMD e pegar um atalho para lá.

Qual é o atalho?

Mesmo antes de descobrir o caminho mais fácil e de saber que é possível escolher deliberadamente entrar nele, você já tinha experiência daquele mundo. Não estamos falando de experiências antigas e distantes, mas de momentos em sua vida em que você se encontrou no caminho mais fácil; estamos falando dos interlúdios na sua existência no caminho mais difícil.

Talvez tenha sido quando você estava começando a se apaixonar por alguém ou quando viu pela primeira vez seu filho recém-nascido, brincou com seu animal de estimação, viu o sol se pôr sobre o mar, sentou-se no jardim e apreciou sua beleza, dançou a noite inteira, morreu de rir com sua melhor amiga ou foi envolvido pela música em um concerto. O fato é que nessas ocasiões sua vibração estava espontaneamente mais alta.

Sua mente, envolvida pela experiência agradável e dominada pelo amor, simplesmente parou de resistir e permitiu que a energia fluísse livremente, elevando sua vibração ao nível do caminho mais fácil. Portanto, uma outra abordagem para entrar naquele mundo ideal é dar alguns passos específicos para elevar seu nível vibratório, passos que automaticamente anestesiam e enganam seu ego medroso. Os problemas são criados no mundo de baixa vibração, o caminho da dificuldade, e solucionados no mundo de vibração mais elevada, o caminho mais fácil.

Embora eu não tenha autoridade para afirmar que Albert Einstein estava consciente de que descrevia o poder da mente de se mover para uma vibração mais elevada, esse gênio renomado falou sobre tal fenômeno em uma de suas citações mais famosas: "Os problemas graves que enfrentamos não podem ser resolvidos no mesmo nível de pensamento em que estávamos quando os criamos."

A nossa percepção do problema ou do conjunto de problemas depende inteiramente de nossa posição na escala vibratória. Quanto mais baixo estivermos, mais sombrias e irremediáveis parecerão as situações, e mais confuso será o raciocínio. Quanto mais nos elevarmos, mais claras serão as coisas, mais positivas vão parecer, mais nítido será o pensamento e mais óbvia a solução. E mais felizes nos sentiremos.

Embora na verdade a elevação vibratória com frequência aconteça de forma espontânea, você não precisa esperar que as estrelas entrem em uma conjuntura favorável e que tudo esteja no lugar para fazer o DMD parar de resistir. Você pode se envolver em atividades que transcendam o ego medroso, de modo a elevar intencionalmente sua vibração e a alcançar uma condição de alegria, tranquilidade, paz e sabedoria, entrando no caminho mais fácil pela porta de serviço.

Neste capítulo vou apresentar minhas soluções testadas e aprovadas. Aposto que você já utiliza naturalmente muitos desses recursos para melhorar seu humor quando está se sentindo deprimido e desalinhado, mas talvez nunca tenha pensado neles como técnicas para elevar sua vibração ou para entrar no caminho mais fácil.

É uma coisa muito poderosa dispor de um sistema para isso, de modo que, ao se sentir estagnado, você saiba para quem apelar e o que fazer. Com certeza o Ditador do mundo da dificuldade não vai ajudá-lo a se lembrar desses recursos quando você estiver no meio de um problema!

Antes de lhe apresentar o sistema, gostaria de dizer como o descobri.

A resposta a uma prece

Uma rápida recapitulação: nossas percepções, nosso nível de consciência, todos os aspectos de nossa experiência e também nossas emoções estão relacionados com nossa frequência vibratória. Quanto mais elevada a vibração, mais felizes ficamos; quanto mais baixa, menos felizes. Quando elevamos a vibração, a resposta emocional é a alegria.

Quando caímos para uma vibração mais baixa a resposta emocional é menos felicidade — às vezes *muito* menos —, e quando a vibração é baixa o suficiente, o resultado é a depressão. Minhas próprias aventuras com a depressão e meu desejo de mais felicidade foram o motivo pelo qual fui abençoada com o Sistema Progressivo Para Elevar a Frequência.

Recebi esse sistema como resposta a uma prece — na verdade, a muitas preces. Passei a maior parte da vida sendo vítima de minhas emoções; apesar do sorriso colado no rosto, sofria muito com uma depressão crônica. No entanto, também experimentava surtos emocionais de alegria e conexão. Naturalmente, esses eram os momentos de que gostava. Embora nunca tenha recebido o diagnóstico de distúrbio bipolar, imagino que isso teria acontecido se eu tivesse procurado um médico.

Um dia, quando estava especialmente infeliz e pela milionésima vez me sentia vítima de uma paralisia da vontade — sentindo-me impotente para fazer qualquer coisa e até mesmo me lembrar de ideias que há pouco tempo me deixavam entusiasmada —, demandei ao Espírito: "Isso é *loucura*! Não quero continuar assim. *Por favor, me ajude a encontrar uma maneira de ser feliz!*"

Embora isso dificilmente *pareça* ser algo que traga alegria, assim que pronunciei essa frase senti que me dissolvia em autopiedade. Eu havia aprendido que, depois de uma prece, o que quer que eu desejasse fazer provavelmente era o que estava em alinhamento naquele momento, quer fizesse sentido, quer não. Sendo assim, me entreguei a um festival de autocomiseração.

Fui inspirada a ouvir um CD de uma de minhas cantoras favoritas, que compôs as músicas e gravou esse álbum enquanto usava a criatividade musical para sair de um grande trauma pessoal. Alguns anos antes, quando meu companheiro canino morreu, descobri que ouvir aquela música me ajudava a superar o sentimento de perda. Agora, enquanto ouvia aquela mulher cantar a necessidade de sobreviver e expressar os sentimentos de traição, perda e dor, minhas emoções afloraram e as comportas se abriram.

Entrei em contato com uma tristeza e uma raiva tão profundas dentro de mim que à primeira vista parecia que os sentimentos poderiam me matar se eu lhes desse livre expressão, mas o Espírito me convenceu a liberá-los. Foi o que fiz. Chorei e gemi; em alguns momentos, quando a raiva aflorou, também deixei que ela se manifestasse. Era quase como assistir ao personagem de um filme, tão fraca era a ligação que eu sentia com o que estava acontecendo. Apesar disso, consegui entrar no processo.

Eu sabia que o que saía de mim não era a minha verdadeira essência nem mesmo a minha visão real das coisas. No entanto, uma parte agressiva, vil, pouco amorosa e, sejamos francos, boca-suja dentro de mim — a entidade que agora chamo de Ditador do mundo da dificuldade — parecia ter necessidade de se manifestar, portanto deixei que isso acontecesse, embora não fosse bonito de se ver.

Não, não era bonito, mas certamente foi eficaz.

Enquanto deixava que toda a energia emocional aflorasse e saísse, percebi o tamanho da carga que estivera armazenando em minha consciência. Parecia que a boa moça que eu era andara usando aquele sorriso grudado no rosto para ocultar um poço sem fundo de pensamentos e sentimentos não tão felizes. Depois de quarenta minutos ou mais de choro e gritos, notei que estava me sentindo muito mais consciente e tranquila.

Eu tinha à mão alguns dos meus óleos essenciais e senti o impulso de usar a mistura chamada "Libertação". Alguns segundos depois de aspirar aquele aroma, toda a tristeza, depressão e angústia residuais simplesmente desapareceram. Quando o CD estava terminando, percebi que a canção falava de vencer um trauma, e era exatamente o que eu estava sentindo!

Por acaso, O próximo CD que estava na fila era um álbum instrumental bem alegre de que eu gostava, algo que não teria querido escutar antes da minha sessão de purgação emocional. Aquela música teria sido animada e leve demais para o meu estado de espírito anterior, mas naquele momento era perfeita. Escutei-a enquanto fazia algumas anotações sobre a experiência que tinha acabado de viver e em geral apenas curti o sentimento de paz e felicidade.

Começou outro CD, e por coincidência era minha música favorita para malhar. Eu me vi dançando e cantando com o coração pulando de alegria e celebração! Eu podia sentir o Amor brotar e se irradiar de dentro de mim de forma poderosa. Todos os tipos de ideias criativas estavam surgindo em minha mente, e foi desafiador tomar nota delas enquanto dançava ao som da música!

Então, como foi possível que em tão pouco tempo eu tenha passado de uma condição de depressão que me incapacitava para qualquer coisa, até mesmo para pensar com clareza, e ter chegado a um estado de alegria, energia e pensamento criativo? Sem saber como chamar aquilo, eu havia aplicado o que depois passei a chamar de Sistema Progressivo Para Elevar a Frequência, a resposta à minha prece.

Quando voltei a me sentir desanimada, peguei minhas anotações e repeti intencionalmente o que havia feito da primeira vez. Maravilha, funcionou tão bem quanto antes! Eu tinha menos tristeza e raiva para liberar, mas deixei sair o que estava lá e passei da depressão para um espaço claro de conexão espiritual e alegria — o caminho mais fácil.

O que meu espírito me fez entender foi que o "festival de autocomiseração", ou seja, a livre expressão do ego medroso, é crítico para o processo de cura. O DMD precisa ser *ouvido*. As opiniões dele, mesmo baseadas em mentiras, devem poder se expressar para que ele tire o pé de cima da mangueira do jardim e deixe o Amor voltar fluir livremente.

Quando negamos a ele o direito de se expressar e recalcamos o medo e outras emoções que tenham surgido como consequência de termos ouvido o DMD e estarmos no mundo da dificuldade, ficamos em oposição — total oposição. Portanto, gostemos ou não, e embora provavelmente tenhamos sufocado aquela energia inoportuna porque não nos fazia bem, deixar que ela se movimente através de nós e para fora de nós é realmente muito importante.

Por favor, reconheça que quando recomendo que você deixe que o ego medroso se expresse livremente e que os sentimentos reprimidos fluam, não estou querendo dizer que você deva permitir que o ego assuma o controle. De jeito nenhum. O que fazemos é deliberadamente *permitir* que ele manifeste o que precisa para que a energia de resistência seja dissipada. Quando você é aquele que conscientemente dá permissão, você está no controle.

Você permanece no papel de observador e de "autorizador". Você é o gerente: administra sua vibração por meio da administração de seus sentimentos e vice-versa. Tal como me encontrei espontaneamente fazendo, você permite que a energia se movimente enquanto a observa, como se estivesse olhando um ator desempenhar magnificamente um papel dramático, digno de um prêmio da Academia. Não se trata de não perceber os sentimentos, mas de não se *dissolver* neles. Você é o instrutor que encoraja a expressão dos sentimentos ao mesmo tempo em que os manifesta.

Continuei a testar o sistema e comecei a ser inspirada a experimentar outras ferramentas para subir ainda mais na escala. Ao fazer isso de forma regular, os períodos de depressão se tornaram cada vez mais raros, e meu estado vibratório se manteve em um nível consistentemente mais elevado. Por meio desse sistema, fiz subir minha vibração basal (meu nível vibratório médio). Na verdade, eu estava mais feliz no geral, tal como pedi em minha prece. Enquanto pratiquei o que agora chamo de "administração vibratória", fui uma pessoa feliz. E ainda sou, desde que não deixe de lado a faxina emocional!

Como nem sempre dispunha de uma hora ou mais para aplicar no Sistema Progressivo, fiz novas experiências e descobri que, por ter me livrado de grande parte do depósito de energia emocional estagnada que vinha armazenando, era capaz de passar de um estado de baixa energia para um estado de alta energia em um intervalo menor. Assim como é mais fácil limpar a casa se antes você tiver feito uma faxina geral, esse processo é mais rápido depois que você se livrou de bloqueios antigos.

Você pode se mover quase instantaneamente para dentro do espaço da alegria se simplesmente abreviar os passos — ainda passando por todos eles, porém mais rápido — e utilizar algumas das ferramentas simples, mas poderosas, que vou revelar e que nos levam a um nível mais alto sem provocar a resistência do ego medroso. (Naturalmente, se for em frente e expressar qualquer emoção quando ela surgir, em vez de reprimi-la, você fará muito para manter sua vibração elevada!) No entanto, no início, leve o tempo que for necessário.

Então, sem mais delongas, apresento um guia conciso do atalho para chegar ao caminho mais fácil. Use esse método sempre que precisar escapar do Ditador do mundo da dificuldade, quando se sentir um pouco deprimido ou se estiver às voltas com um problema sério.

O sistema progressivo para elevar a frequência

Passo Um: **observe seus sentimentos** e ouça o diálogo em sua cabeça sem julgar o que está observando. Preste atenção ao plexo solar para ver se ele está relaxado ou contraído. Se sentir raiva, ressentimento, dor, tristeza, medo ou qualquer coisa que não seja alegria, se tiver um nó na garganta ou se ouvir em sua cabeça algo que não seja uma expressão de amor, seu ego medroso, o Ditador do mundo da dificuldade, está no controle.

Ele está reduzindo sua frequência vibratória e mantendo você fora do caminho mais fácil ao bloquear, dentro de você, o fluxo do Amor. Ele o está retendo na "matriz do sofrimento", também conhecida como caminho mais difícil. Reconhecer isso é um passo muito importante.

Passo Dois: **declare sua intenção** de voltar ao espaço de alta vibração no caminho mais fácil. Sua intenção põe em foco toda a sua energia e informa ao hemisfério esquerdo do cérebro que está para acontecer uma mudança. Declare seu desejo de se realinhar com seu Espírito e consequentemente com a Fonte de Amor/Força Vital.

O alinhamento com a fonte é necessário para que o Amor flua. Expresse sua disposição de permitir que o Amor volte a fluir livremente. Se não sentir essa disposição, em geral conseguirá esse resultado ao dizer: "*Quero desejar deixar que o Amor volte a fluir livremente.*" Entregue o processo a seu Espírito e saiba que você será guiado e protegido durante todo o caminho.

Passo Três: **deixe seu ego expressar o que achar necessário** — raiva, dor ou indignação. Simplesmente deixe o sentimento aflorar. Grite, berre, esmurre um travesseiro, faça o que for necessário para descarregar aquela energia. Estimule a liberação dessa energia, e não resista ao que vier por achar que não é "bonito". Se ajudar, pergunte a si mesmo quem ou o que está causando a raiva ou a tristeza...

Ouvir músicas tristes ou agressivas pode facilitar essa liberação de energia. Alimente o processo como puder (sem se ferir ou ferir alguém, é claro). A ideia é tirar aquilo de dentro de você. Se achar útil escrever o que está sentindo (somente para uso próprio), faça isso. Mesmo que você descubra que seu ego precisa dar expressão ao sentimento de ter sido insultado ou ferido por alguém, esses exercícios são *para seu uso exclusivo*. O ideal é fazê-los sem testemunhas.

Observe essa depuração emocional sem resistir, e saiba que seus sentimentos não são uma parte intrínseca sua, mas apenas "coisas" que precisam ser liberadas para abrir caminho para o fluxo do Amor e para elevar sua frequência vibratória de modo que você possa voltar à alegria e ao caminho mais fácil. (Se você não gostar da ideia de descarregar poluição emocional no meio ambiente, simplesmente declare no início do processo que, depois de liberado, esse lixo emocional voltará a ser puro Amor.)

Dedique a esse processo todo o tempo que for necessário. O Passo Três *não é opcional* se você quiser resultados!

Passo Quatro: **utilize todas as ferramentas e atividades de apoio que elevem a vibração e pareçam adequadas** assim que tiver liberado as emoções e se sentir mais tranquilo. (Veja a lista dessas atividades na próxima seção.) Seu espírito o ajudará a escolher as mais eficientes, na ordem mais eficaz. Deixe-se gravitar na direção daquelas que o atraiam. A atração é um indicador de que elas o deixarão mais alinhado com o Desígnio da Harmonia.

* * *

Passo Cinco: **entregue-se ao movimento ascendente de sua energia** e amplie esse movimento respirando para dentro dele e celebrando-o! Sua respiração sempre o levará para cima. Fique focalizado na magnífica percepção da Força Vital que flui dentro de você e perceba que ela o eleva cada vez mais para perto de seu "espaço de alegria". Sinta a poderosa energia magnética do caminho mais fácil que o chama para o alto, e deleite-se com a sensação de chegar lá!

Repita "obrigado, obrigado, obrigado" para seu Espírito, agradecendo-lhe por levá-lo para casa; isso o transportará cada vez mais para o sublime domínio do caminho mais fácil. Desfrute o abraço envolvente do Desígnio da Harmonia no abrigo de seu Espírito, voltando ao lar no caminho mais fácil!

Respeite sua intuição sobre que outras coisas precisa fazer. Sua intuição é a orientação de seu Espírito.

Repita esses passos sempre que precisar. (Saiba que, se estiver às voltas com um problema, talvez precise repetir o processo. Basta ter paciência consigo — *sem resistência*!)

Técnicas e ferramentas para aumentar a frequência

A seguir temos algumas das muitas ferramentas e técnicas para deslocar a energia; elas o ajudarão a evitar o Ditador do mundo da dificuldade e a voltar ao caminho mais fácil. Se adotá-las e deixar que elas realizem sua mágica, você sairá do campo da resistência. Use-as como parte do Passo Quatro ou sempre que precisar de uma forcinha:

- **A música** é uma das ferramentas passivas mais fáceis e eficazes para se elevar a frequência. Tenho certeza de que você sempre a utilizou instintivamente para melhorar o humor. Desde que seja escolhida de modo a combinar com seu estado de espírito, ela contorna a resistência do ego e faz sua energia entrar naturalmente em ressonância com ela.

Uma vez que o ego tenha se expressado e você esteja se sentindo mais calmo e pronto a se permitir sentir alegria, escolha alguma música que o anime — *algo que combine com o seu estado de espírito*. A música o levará de onde está para o próximo nível. Não tente forçar o processo ouvindo uma música agitada demais para seu humor. Espere até realmente sentir alegria e *só então* solte sua música mais animada! Cantar junto ou dançar aumenta exponencialmente seu efeito.

Talvez você queira elaborar e manter uma lista de músicas especialmente eficazes para elevar seu humor, começando por alguma melodia que o acompanhe num lugar mais sombrio e depois acrescentando *playlists* que o ajudem a alcançar a mais completa alegria. As músicas alegres foram criadas no caminho mais fácil, portanto elas o conectam com ele!

- **A respiração Consciente** — dinâmica e intencional — nos sintoniza com o ritmo do Desígnio da Harmonia. Uma técnica extremamente simples, mas poderosa, é imaginar que você está (a) inspirando Amor, (b) fazendo o Amor circular por seu corpo, onde ele não só impregna as células, mas "liquefaz" qualquer bloqueio energético, transformando-o em Amor, e (c) expirando esse Amor, enquanto imagina que ele está abençoando toda a Criação. Ao mesmo tempo, imagine que cada respiração cheia de Amor leva você a um nível mais alto da escala vibratória.

  Outro exercício extremamente poderoso é usar técnicas de respiração circular — como as que são utilizadas na terapia de renascimento — para deslocar rapidamente os bloqueios energéticos e expulsá-los, deixando sua energia livre para circular. Essa técnica consiste em respirar ritmicamente, inspirando e expirando pela boca sem fazer uma pausa entre os dois movimentos (você deve estar sentado ou deitado). É altamente recomendado que você tenha um instrutor treinado para supervisionar sessões mais longas, mas eu tenho sido capaz de elevar minha vibração muito rapidamente e com segurança praticando essa técnica sozinha por não mais que dez minutos.

- **A aromaterapia** é um poderoso instrumento passivo para elevar a frequência, capaz de superar em um instante e sem dificuldade toda a resistência do ego — decididamente, uma ferramenta do caminho amis fácil! Só é preciso aspirar o aroma de uma fragrância pura e natural para chegar lá. As essências voláteis e aromáticas das plantas foram providenciadas pelo Criador com o propósito de nos ajudar a entrar em alinhamento com a Fonte, equilibrando-nos, curando-nos e energizando-nos, levando-nos para o caminho mais fácil.

Cheirar uma fragrância vegetal agradável, ou uma mistura de fragrâncias, desloca a energia do cérebro reptiliano para os lobos frontais, onde acontecem os pensamentos mais iluminados. Muitas fragrâncias — como olíbano, sândalo, rosa e pinheiro balsâmico — são especialmente eficazes para estimular a glândula pineal, na qual experimentamos a conexão direta com a Fonte.

Para manter todas as propriedades terapêuticas, os óleos essenciais têm que ser puros e destilados a baixa temperatura e baixa pressão. As fragrâncias artificiais, como os aromatizadores de ambiente comerciais, a maioria dos perfumes, os artigos de toalete e os sabonetes não só são desprovidos de efeitos terapêuticos como também causam estresse no corpo. Se você não tiver óleos de qualidade terapêutica, mas tiver acesso a plantas vivas perfumadas, ervas e flores ou outros materiais aromáticos, como cascas de limão ou agulhas de pinheiro, basta esfrega-los de leve e aspirar seu aroma para uma estimulação rápida!

- **Acalmar o plexo solar** quando o Ditador do mundo da dificuldade parecer ter fixado residência naquele ponto pode ser muito bom para voltar ao caminho da felicidade. O chakra (centro energético) do plexo solar está localizado imediatamente abaixo do externo. Quando o ego se instala nesse local, temos a sensação normalmente descrita como "nó no estômago".

Pode ser útil respirar para dentro da tensão naquele local e depois exalar a tensão enquanto se comanda o plexo a relaxar. Outra técnica que podemos usar é massagear suavemente aquele ponto com movimentos circulares, no sentido que trouxer mais alívio — conseguimos identificar imediatamente qual sentido ajuda e qual piora a situação!

Descobri que a aromaterapia ajuda muito a desfazer os nós que de vez em quando tenho no plexo solar. A mistura de óleos essenciais que costumo usar contém ylang-ylang, lavanda, gerânio, sândalo e tanaceto azul. Além de inalar o aroma, também uso o óleo essencial em massagens. E isso funciona como mágica para mim! (No site www.juliarogershamrick.com, no link "Energy Tools", você encontrará mais informações sobre essa e outras misturas de óleos que o uso.) Utilize em sua pele apenas óleos essenciais de qualidade terapêutica, e sempre que necessário dilua-os com um óleo vegetal orgânico puro.

A *modulação*, sobre a qual falarei na seção sobre "Vocalização", também é eficaz como meio de equilibrar o plexo solar; também são úteis as taças de cristal para meditação ou instrumentos similares, afinados em mi. (Gravações desses sons também funcionam.)

- **O relaxamento** é como o "ponto morto" na caixa de marchas de um carro. Quando relaxamos, abandonamos a resistência e permitimos que a imensa atração magnética do caminho mais fácil nos atraia. É por isso que as duas principais ações que devemos realizar depois de invocar esse caminho são *relaxar* e *aceitar*.

Se você se encontrar fora daquela realidade, é muito provável que esteja experimentando tensão muscular. Encontre um meio de liberar essa tensão, começando simplesmente por reconhecê-la e conscientemente deixá-la sair; o simples ato de estar consciente da tensão é o primeiro passo para o relaxamento. Tente utilizar algumas das diversas ferramentas disponíveis para isso.

A massagem, de preferência executada por outra pessoa, certamente ajudará a trazê-lo de volta ao caminho mais fácil; mas, se você estiver sozinho, o uso de instrumentos de massagem pode ajudar. Não fico sem meus massageadores de pés, o massageador de pontos-gatilho para as costas e o massageador elétrico de percussão portátil. Também massageio o couro cabeludo e os pontos de reflexologia nos pés e nas mãos quando preciso relaxar. Quando liberamos a tensão muscular, a mente também relaxa — e vice-versa.

O uso da respiração para liberar a tensão também é uma ferramenta poderosa de relaxamento. Na verdade, todos os instrumentos e técnicas dessa lista nos deixam em uma condição mais tranquila e de menos resistência, o que pode explicar pelo menos em parte sua mágica para elevar a vibração.

E nunca subestime o poder de um cochilo para aumentar a frequência. Mais adiante neste livro vamos falar sobre as razões pelas quais o sono é tão terapêutico e restaurador!

- **A vocalização** não só desloca energia por meio dos sons como também emprega o poder da respiração. Usamos a voz para gemer e lamentar quando precisamos liberar estresse, gritar ou cantar de alegria, vocalizar sons ou palavras para obter uma sintonia espiritual ou verbalizar palavras de Amor e Verdade; ela é um instrumento criado para deslocar energia através de nós, mantendo-nos em equilíbrio e conectados com a Fonte e com os outros.

  Embora a vocalização com palavras equilibre os dois hemisférios cerebrais, a vocalização sem palavras rapidamente contorna o ego. Um dos métodos mais poderosos que conheço para elevar a vibração é a modulação — cantar uma nota sem palavras. É algo que fazemos espontânea e instintivamente quando crianças.

  Há maneiras infinitas de modular um som, mas existe uma técnica para iniciantes: comece por vocalizar o som "uuuuuuu" no tom mais grave que sua voz conseguir alcançar, e vá subindo de tom gradualmente no intervalo de alguns segundos, indo do tom mais grave ao mais agudo que puder, como uma sirene; sustente a nota mais alta pelo maior tempo que aguentar. *Não force o som — deixe sua voz se envolver suavemente em torno da nota, para não causar tensão nas cordas vocais.* Repita. Faça experiências com sua voz e descubra sua técnica favorita.

- **Os exercícios físicos**, inclusive o alongamento, são uma maneira realmente eficaz de abrir as trilhas energéticas e deixar que a Força Vital torne a fluir livremente pelo seu corpo de modo a aumentar sua frequência vibratória. Seu corpo foi projetado para fazer circular energia e estar em movimento. O movimento físico não se limita a fazer a energia e o oxigênio circularem pelo corpo, oxigenando as células e a clareando a mente. Ele também estimula a liberação de endorfina — o "hormônio da felicidade" — relacionada ao aumento da frequência vibratória porque vem acompanhado pela sensação de alegria.

Por exemplo, sempre que me preparo para fazer uma palestra ou para escrever e estou especialmente necessitada de clareza mental e sabedoria, nado vigorosamente durante trinta ou quarenta minutos, sem parar. O movimento, a oxigenação e o contato com a água se somam para me levar a um estado de vibração muito mais alta, resultando em clareza mental e sabedoria. Na verdade, nado sempre que sinto dificuldade para permanecer no caminho mais fácil.

Faço natação porque esse é o exercício que prefiro, mas qualquer exercício aeróbico que lhe agrade será certo para você. Portanto, faça sua atividade favorita, dance, pedale sua bicicleta, pratique algum esporte que exija movimento ou simplesmente caminhe. Seja qual for a sua escolha, a chave é se *mexer* — mova-se diretamente para dentro do caminho mais fácil!

- **A apreciação** nos coloca em alinhamento porque indica que não estamos apresentando resistência. Você não pode reconhecer o valor de alguma coisa e estar em oposição a ela ao mesmo tempo. Quando aprecia ativamente qualquer coisa, você automaticamente sobe na escala vibratória, porque seu hemisfério cerebral esquerdo passa a ser ocupado pelo seu ser masculino interior mais evoluído, em vez de abrigar o ego crítico. Isso significa que você está no alinhamento correto para deixar o Amor fluir.

Escrever uma lista do que aprecia e das razões por que aprecia esses itens é uma excelente ferramenta para ascender na escala vibratória. Escrever para alguém um elogio — mesmo que seja para dizer algo tão simples como "seu sorriso é uma bênção" — é um exercício edificante, que também serve para elevar o moral de quem o recebe. A gratidão é uma forma especialmente poderosa de apreciação. Adquirir o hábito de expressar gratidão por tudo na vida o ajudará a ficar alinhado e o trará de volta quando você tiver perdido o rumo e recaído no caminho mais difícil.

Você pode manter um "diário de gratidão" ou apenas listar mentalmente as coisas pelas quais é grato toda noite antes de dormir ou ao despertar pela manhã. Fazer uma "pausa para a gratidão" no meio de um dia caótico pode rapidamente trazê-lo de volta ao caminho mais fácil. A gratidão por qualquer coisa é poderosa; agradecer ao caminho mais fácil, mesmo quando nos sentimos a quilômetros de distância dele, pode nos ajudar a voltar para casa em um piscar de olhos!

- **Desfrutar da natureza** e deixar que ela catalise sua resposta de Amor por ela é um instrumento passivo surpreendente para elevar a frequência. A Mãe Natureza realmente sabe como fazer fluir a energia — ela puxa isso de dentro de nós. O simples fato de mergulhar na natureza nos eleva, mas se adicionarmos à mistura um pouco de apreciação, nos sentiremos como quem recebe combustível de foguete para voltar ao caminho mais fácil.

Observe com que facilidade uma planta cresce — mesmo em uma brecha no concreto; sem esforço, sem luta e sem preocupação. Aprecie a espantosa beleza de uma árvore florida na primavera — ela não empregou um segundo sequer de esforço para ser o que não é. Não gastou energia tentando ser mais bonita que árvore ao lado. Seja grato pela maneira que os esquilos têm de reunir alimento para o inverno sem irem a um escritório ou fábrica para ganhar dinheiro e sem gastar um centavo no supermercado. Eles vivem no caminho mais fácil em tempo integral.

Mesmo quando acontecem na natureza coisas que consideramos más, as criaturas do mundo natural não julgam, e dessa forma permanecem no caminho mais fácil. Apesar de nós podermos facilmente ver os efeitos deletérios que os seres humanos mergulhados no caminho mais difícil exercem sobre a Natureza, ela exemplifica perfeitamente o caminho mais fácil e, quando permitimos, nos leva de volta para lá. Observe que quando você se encontra de volta àquele mundo, só vê beleza e perfeição na Natureza, porque lá não estão presentes os efeitos do caminho mais difícil.

- **Interagir com a água**; essa substância mágica e eletromagnética é um fator de elevação da frequência. Ficar mergulhado nela, tomar banho de chuveiro, nadar, contemplá-la, bebê-la ou desfrutar de qualquer outro tipo de interação com ela eleva sua vibração.

Manifestar gratidão pela água aumenta ainda mais a frequência. Se além de agradecer, você tiver pensamentos de amor enquanto tem nas mãos a água que vai beber, poderá ver sua vibração aumentar ainda mais ao bebê-la.

A proximidade com a água corrente como uma cachoeira, uma praia, uma fonte ou até mesmo seu chuveiro, o expõe a íons negativos que têm efeito estimulante, causando um aumento da endorfina, equilibrando os níveis de serotonina e gerando um sentimento de bem-estar. Alguns dos meus insights mais profundos ocorreram quando estava no chuveiro, nadando ou contemplando um curso d'água.

- **Comungar com o sol** é um dos recursos mais eficazes que conheço para aumentar a frequência. Os raios de sol geradores de vida nos dão tudo o que é necessário para sermos seres espirituais dotados de corpos físicos no planeta Terra. Minha experiência mostra que tenho uma vibração naturalmente muito mais elevada nos dias ensolarados.

Quando preciso de uma forcinha, gosto de ficar ao ar livre, voltar meu rosto para o sol e "olhar" para ele *com os olhos fechados*, deixando que os raios caiam sobre minha pele e voltando as palmas das mãos para o astro-rei. (Já ouvi dizer que as palmas das mãos absorvem energia da luz solar e sinto uma pulsação nas mãos quando faço isso.) É ainda melhor se você puder expor o plexo solar ao sol e banhar de luz o esconderijo do DMD!

Acho que se você passar de 15 a 20 minutos exposto ao sol direto não se arriscará a sofrer consequências negativas e se sentirá recarregado. Siga seu bom senso na questão de se expor ao sol e use filtro solar. Contudo, meu bom-senso diz que uma exposição tão curta dispensa a proteção de um filtro, a não ser que você tenha algum problema dermatológico específico que exija isso. O uso de protetor solar pode impedi-lo de receber parte dos benefícios do sol.

- **Escrever** é um meio muito eficaz de permitir um fluxo que faça você se mover para um nível mais alto de frequência e para mais perto do caminho mais fácil. Tal como mencionei no Passo Três do Sistema Progressivo Para Elevação de Frequência, registrar os sentimentos no papel remove bloqueios ao fluxo por autorizar a livre expressão do ego. A partir daí, podemos passar a expressar sentimentos e verdades mais evoluídas. Depois de escrever, você sentirá automaticamente mais clareza mental e uma vibração mais alta.

Procurar entrar em contato com seu Espírito escrevendo-lhe uma carta para expressar suas preces é um recurso muito eficaz de focalização que uso com frequência quando estou fora do caminho mais fácil, com a sensação de estar perdida ou desconectada. Escrever uma carta de seu Espírito para você — talvez uma resposta à sua carta anterior — canalizando a resposta totalmente amorosa e sábia do seu Espírito rapidamente o levará a uma condição de alinhamento.

Toda vez que ascendemos consciente e deliberadamente ao nível da sabedoria de nosso Espírito, também subimos na escala vibratória. Na verdade, qualquer tipo de escrita inspirada deixa a mente focalizada, porque envolve o hemisfério cerebral esquerdo em uma atividade de serviço ao Espírito. Com isso, ele não fica à disposição do ego, o que nos afasta da resistência. Acho que essa é a principal razão pela qual adoro escrever livros e artigos — isso me eleva e mantém no caminho mais fácil!

- **Irradiar amor incondicional** é a atividade que mais eleva a frequência, porque para isso é preciso estar alinhado com a Fonte! Quando irradia amor de forma *impessoal*, tal como a Fonte, sem se preocupar com quem recebe ou é grato por ele, você automaticamente fica em perfeito alinhamento.

Nós não conseguimos fazer isso a menos que estejamos alinhados com a Fonte, o local de onde o Amor é emanado; o alinhamento com a Fonte abre o "duto" para que o Amor possa fluir. O ato de irradiar Amor naturalmente exclui o DMD, porque quando isso acontece o hemisfério esquerdo do cérebro, orientado para a ação, está ocupado servindo ao Espírito, logo não está à disposição do ego medroso.

Apesar de termos esquecido esse fato enquanto estávamos presos no caminho mais difícil, a capacidade de irradiar Amor está "estruturada" dentro de nós, porque é dessa forma que nos mantemos no nível vibratório do caminho mais fácil, no qual somos programados para florescer. Basta focalizar a atenção no centro cardíaco, sentindo a energia se acumular ali; da mesma forma como o sol irradia luz em todas as direções a partir do seu núcleo, imagine o Amor sendo irradiado em todas as direções a partir do seu centro cardíaco.

Não "direcione" o amor para nada ou ninguém, porque isso envolverá o ego no processo e o fará perder o alinhamento. Mantenha a mente ocupada com a tarefa de garantir que o Amor continue a ser irradiado. Pratique isso durante dez segundos de cada vez e vá aumentando gradualmente. O ideal é chegar a fazer isso constantemente, seja qual for a atividade em que esteja envolvido — tal como um programa de computador que é executado em segundo plano. Se você irradiar constantemente amor incondicional, estará sempre no caminho mais fácil!

Essa não é uma lista completa das ferramentas e técnicas que o ajudarão a aumentar sua frequência vibratória e voltar ao caminho mais fácil. E estas não são apenas ferramentas para serem utilizadas quando você estiver deprimido ou sob o poder do DMD. Elas devem ser integradas ao seu dia a dia.

Alguns instrumentos específicos para o seu caso podem ser acrescentados à lista. E com certeza você não precisará utilizar todos ao mesmo tempo. Depois de praticar um ou dois, provavelmente você estará de volta ao caminho mais fácil, sentindo-se maravilhosamente bem.

Sugiro a você que siga em frente e teste as técnicas que nunca utilizou, de modo que, ao precisar do Sistema Progressivo Para Elevação da Frequência, já tenha experiência nelas e não precise descobrir como utilizá-las quando o DMD estiver no controle. Com certeza você já viu que não é nada engraçado tentar algo novo quando Aquele Que Dificulta a Vida está no comando!

E se nada disso funcionar?

Sim, aumentar sua vibração e voltar ao caminho mais fácil é a maneira de resolver qualquer problema e deixar para trás a tristeza, o desânimo e até mesmo um estado de choque, recuperando a alegria. Esses recursos *funcionam* se houver foco e tempo suficientes. Mas como fazer isso quando seus sonhos foram destruídos? Quando alguém que você ama se foi? Quando algo violento aconteceu? Quando você não sabe de onde virá sua próxima refeição? Quando todos os seus recursos se esgotaram? Quando você está fraco, deprimido ou doente demais para fazer qualquer coisa? Quando está mergulhado na "noite escura da alma"?

Pode haver momentos de resistência tão forte e acontecimentos tão avassaladores que façam você se sentir incapaz de qualquer coisa que não seja apenas sobreviver.

Uma experiência excepcional que passei foi descobrir que quando estamos absolutamente desolados, carentes de ideias e energia, o fundo do poço é um lugar muito poderoso, embora possa parecer tudo menos isso. Quando chegamos a esse ponto, desaparece a ilusão de que podemos controlar os acontecimentos a partir do nível do ego humano. E isso significa estarmos prontos para deixar o Espírito assumir o controle.

Se você se encontrar em um lugar escuro e assustador que não lhe permita fazer nada, se não puder sequer reunir energia para aplicar esse sistema, existe uma ação poderosa que não pede qualquer energia: render-se, ou pelo menos expressar a intenção de se render.

Entregar-se é o supremo ato de não resistência e o mais poderoso de todos. Ele o coloca de volta no alinhamento correto imediatamente.

Tal como em minha experiência no Japão que relatei no capítulo 4 — quando fui totalmente bloqueada por um problema que não conseguia resolver, tive um gigantesco ataque de fúria e comecei a experimentar milagres —, quando você atinge o fundo do poço, é reduzido à sua essência, e é aí que reside seu poder. É aí que você *se rende*. Você se rende a seu Espírito e entrega tudo àquele que está sempre completamente devotado a seu bem-estar, sabe exatamente de que você precisa e pode levá-lo de volta ao coração do Desígnio da Harmonia, onde os problemas são resolvidos.

Quando está pronto para "se render" (entregar sua situação a um poder mais alto) e deixar que seu Espírito assuma o controle, você volta ao caminho mais fácil. Mas é preciso estar pronto para isso. Muitas vezes, precisamos nos lambuzar no caminho mais difícil durante algum tempo antes de estarmos prontos para entregar os pontos, relaxar e sair da armadilha. Na verdade, isso é perfeito. Lambuzar-se é só uma forma de aceitar. E você se lembra do Passo Três no Sistema Progressivo Para Aumentar a

Frequência? Basicamente, ele fala de chafurdar-se deliberadamente como forma de abrir mão da resistência.

Quando nossa *intenção* é voltar ao caminho mais fácil — voltar à paz (por mais inacreditável que ela possa parecer quando estamos no meio de uma situação grave), e voltar à *alegria* —, qualquer forma de aceitação nos leva àquela direção. Quanto mais você manifestar sua intenção de se render e relaxar o máximo que puder, mais alto você subirá, mesmo que às vezes suba apenas alguns milímetros de cada vez.

Tenha paciência consigo mesmo. Lembre-se: a impaciência só alimenta o Ditador do mundo da dificuldade. Seja bondoso e compassivo consigo mesmo; isso *realmente* põe o DMD em seu lugar!

Quando você está pronto para se permitir ficar no caminho mais fácil, deixar de lado a recusa a aceitar esse mundo, então se encontrará novamente abrigado pelo Desígnio da Harmonia, sentindo a alegria que é seu direito hereditário. Sua intenção é poderosa.

Suas soluções, suas bênçãos e sua felicidade esperam por você no caminho mais fácil. Não deixe o Ditador do mundo da dificuldade afastá-lo de tudo isso!

A seguir, vamos examinar mais uma das inúmeras maneiras pelas quais o fato de escolher o caminho mais fácil transforma e aprimora sua vida.

Eu escolho viver no caminho mais fácil,
onde tudo é simples.

8

Florescer na vida no caminho mais fácil

Aposto que nem preciso lhe dizer que quando você escolher o caminho mais fácil, sua vida vai mudar de forma surpreendente e emocionante, mas vou dizê-lo assim mesmo. Se você decidir que deseja uma vida naquele lugar, esteja preparado para aumentar muito sua capacidade de ter conforto, felicidade, realização, prosperidade e mágica!

Todas as áreas de sua vida serão melhoradas, desde aquelas com as quais você não está muito feliz até aquelas com que está bastante satisfeito. Mesmo os aspectos que você considera incorrigíveis serão transformados! Das maiores às menores questões, o caminho mais fácil cuidará de tudo sem esforço, com eficiência. Lá, você está destinado a florescer.

Embora seja uma tarefa impossível tentar elaborar uma lista ou até mesmo imaginar todas as formas específicas pelas quais a escolha do caminho mais fácil pode causar impacto em sua experiência de vida, quero lhe dar ao menos uma provinha. Portanto, vamos examinar algumas das áreas que parecem mais importantes para nós e pelo menos mencionar como serão afetadas por uma vida naquele mundo.

Finalmente ser o seu *Ser*

Seu Ser com "S" maiúsculo não é a pessoa que você criou ao aceitar ideias externas sobre o que deve ser e fazer. Ele é a parte de você que é determinada por sua verdadeira natureza. Seu Ser é sua versão autêntica, que segue o próprio Espírito e vive em alinhamento com o Desígnio da Harmonia. Você pode dizer que ele é o seu Ser do caminho amis fácil — aquele que você era no início e que está voltando a ser.

Um dos presentes mais fortalecedores do caminho mais fácil é permitir que você seja seu Ser e experimente as indescritíveis dádivas dessa condição. Na verdade, você pode até mesmo afirmar que o caminho mais fácil *exige* que você seja seu Ser. Ele não só permite que você entre em sintonia com suas preferências, desejos e energia naturais, em vez de ser ou agir como os outros acham — ele exige isso.

Caso contrário, você não está no caminho mais fácil.

Quando fundamenta seus pensamentos e ações em qualquer coisa que não seja seu próprio sistema de orientação divina, você automaticamente entra no caminho mais difícil. Quando nega seu próprio prazer e alegria, você está nesse mundo. Quando tenta ser alguém diferente do seu autêntico eu, é lá que você está. Mas quando honra seu Ser, você está no caminho mais fácil.

Honrar seu Ser é uma parte importante de estar no caminho mais fácil, porque é assim que nos alinhamos com o Desígnio da Harmonia, e é por meio desse alinhamento que recebemos todas as bênçãos que só podem ser oferecidas por um sistema projetado para apoiar nosso completo bem-estar.

Nem é preciso dizer que ser seu próprio Ser *não* é uma condição apoiada pelo caminho mais difícil ou pelo Ditador do mundo da dificuldade. O Ditador garante que você permaneça alinhado com o Desígnio da *Desarmonia*, cuidando para que você negue sua orientação interior e ouça outras vozes que não vêm do seu Espírito. Esse é um método muito eficaz, e o DMD conta com ele. Se puder nos impedir de ser nosso Ser, ele sempre terá muito sofrimento de que se alimentar.

A maioria de nós — provavelmente *todos nós* — sofre durante toda a vida algum grau de dor em consequência da discrepância entre quem realmente somos e o que nos tornamos quando negamos nosso próprio sistema interior de orientação. Sentimos dor porque abandonamos nosso Ser e tudo aquilo que no fundo e naturalmente desejamos nos tornar; em vez de honrar tudo isso, fizemos o que julgávamos *ter que* fazer para alcançar sucesso como seres humanos ou simplesmente para sobreviver.

Fomos enganados! Abandonar o Ser não é uma receita de sucesso ou sobrevivência. É uma receita de sofrimento e, em última análise, de morte. É a certeza de vivermos no caminho mais difícil, onde não existe sucesso real, apenas ilusão de sucesso. *A felicidade e a realização — o sucesso real — não são atributos do caminho mais difícil*. Elas só são encontradas no caminho mais fácil.

Para experimentar a realização que os seres humanos estão sempre tentando encontrar no caminho mais difícil é preciso estar no caminho mais fácil, e para isso é necessário que sejamos nosso próprio Ser.

É impossível calcular o alívio que isso traz — a energia que libera e o efeito cascata que isso causa em nossa vida. Por fim, o caminho mais fácil não lhe dá apenas a permissão para ser o que você realmente é, mas também o recompensa com bênçãos incontáveis.

Descobrir seu propósito e realizá-lo

Você já esteve procurando sua razão especial de ser — sua missão pessoal? Você sente um desejo intenso de dar uma contribuição expressiva para o mundo, algo seu? Um dos benefícios de ser seu próprio Ser é o fato de que isso aponta claramente o que você foi planejado para fazer, porque essas são as atividades que lhe causam maior gratificação. Ser seu próprio Ser revelará o seu propósito divino e irá garantir sua capacidade de realizá-lo.

Você foi projetado para alcançar o maior sucesso possível no caminho mais fácil. Realizar seu propósito é uma parte fundamental de ser autenticamente bem-sucedido. Quando você tiver descoberto e realizado seu propósito, todo o resto seguirá, porque você ficará alinhado com o Desígnio da Harmonia. Da mesma forma, quando você está alinhado com o Desígnio da Harmonia, descobrir seu propósito é algo que acontece naturalmente!

O Desígnio da Harmonia lhe mostrará com clareza quando você descobrir seu lugar certo dentro dele. Quando estiver lá, você sentirá um fluxo mais intenso de Amor. Isso significa que você entrou em alinhamento com o Desígnio da Harmonia, e consequentemente o Amor/Força Vital está fluindo livremente dentro de você, fazendo-o ascender. As coisas alinhadas ao seu verdadeiro propósito sempre irão disparar uma experiência compatível com um fluxo mais intenso de Amor.

Assim, quando você estiver adorando fazer algo — quando sentir um aumento de energia ao fazer qualquer coisa — preste atenção! Isso significa que você está no caminho mais fácil e em seu lugar no Desígnio da Harmonia, porque essa atividade o deixa em condição de experimentar ainda mais amor, alegria, prosperidade e realização, já que essas são as recompensas de estar alinhado com o Desígnio da Harmonia. Trata-se de um sistema surpreendente. Seja seu próprio Ser, faça o que você foi programado para fazer e tire a sorte grande!

A única razão pela qual as pessoas deixam de encontrar e realizar seu verdadeiro propósito é o fato de permitirem que o ego medroso dite suas ações e os mantenha entrincheirados no Desígnio da *Des*armonia. Elas não conseguem fazer o que gostam porque estão ocupadas demais no caminho mais difícil, fazendo o que pensam ser necessário para ganhar dinheiro, impressionar os outros e assim por diante.

É espantoso imaginar a viagem complexa que fazemos quando deixamos de lado o que amamos no caminho mais fácil — aquilo que é perfeito para nosso talento e paixão e que traz prosperidade para nós e para o Todo. Em vez disso, fazemos coisas de que não gostamos, mas que pensamos ter que fazer para pagar as contas no caminho mais difícil. O Ditador do mundo da dificuldade é um grande trapaceiro!

Quando você está no caminho mais fácil, não consegue preencher seu tempo com coisas de que não gosta ou perder de vista seu verdadeiro propósito porque está dedicado à tarefa que assumiu por medo de não ser capaz de sobreviver. Esse é o caminho mais difícil! Estar no caminho oposto significa estar em alinhamento com seu Espírito, abrigado no Desígnio da Harmonia e fazendo aquilo que catalisa a alegria em sua experiência.

Talvez enquanto lê isso você pense que seu trabalho atual é uma escolha do caminho mais difícil, que o aprisiona naquele mundo. Se estiver tentando descobrir como vai transpor o abismo entre seu emprego atual e a atividade alinhada com o seu propósito, não perca a esperança!

Mesmo que no momento você esteja fazendo alguma coisa apenas para ganhar dinheiro ou por qualquer outra razão não alinhada com o Desígnio da Harmonia, continue a escolher o caminho mais fácil e você começará automaticamente o processo para mudar sua situação. O caminho mais fácil o guiará com suavidade e gradativamente para mais perto de seu lugar no Desígnio. Isso acontecerá naturalmente. Você só tem que começar *já* e deixar que o caminho mais fácil se encarregue de tudo.

É possível estar no caminho mais fácil, não importa onde você esteja. O DMD pode dizer que não há como permanecer naquele mundo ideal enquanto você estiver trabalhando em uma atividade de que não gosta, mas não se esqueça de quem está dizendo isso! Escolher o caminho mais fácil onde quer que você esteja, ou seja lá o que quer que esteja fazendo, cria harmonia em qualquer situação. Fazer isso transforma sua experiência. Todas as suas condições vão evoluir e passar a aproximá-lo do alinhamento com o Desígnio da Harmonia.

Quanto mais tempo você passar no caminho mais fácil, mais claro se tornará seu propósito único, mais perto você estará de realizá-lo e mais próspera, harmoniosa, feliz e — é claro — fácil será sua vida.

A verdadeira prosperidade só é encontrada no caminho mais fácil

A consequência natural de viver de acordo com o caminho mais fácil, sendo o próprio Ser, realizando seu propósito e fazendo o que ama é a prosperidade.

Antes de continuar, deixe-me definir para você a verdadeira prosperidade. Ser realmente próspero é ter paz de espírito, e o poderoso sentimento oriundo do conhecimento de que tudo o que você precisa e deseja está sempre disponível quando necessário e desejado, com 100% de confiabilidade. A verdadeira prosperidade é uma função de se estar no caminho mais fácil, onde tudo nos chega sem esforço, com eficiência e na hora exata — nem antes nem depois: exatamente quando necessário.

A verdadeira prosperidade consiste em não ter que acumular dinheiro, pois esse é um conceito do caminho mais difícil. Dinheiro acumulado é o que seu ego medroso deseja e lhe diz que você precisa ter, mas não é uma atitude confiável. Reservas podem ser esgotadas, roubadas ou desvalorizadas. Elas não são seguras.

Por outro lado, o caminho mais fácil é absolutamente seguro. É o único investimento realmente seguro! E só para deixar as coisas claras no que diz respeito a posses e o caminho mais fácil, é bem possível que lá você tenha rios de dinheiro. No entanto, não será por uma questão de segurança nem porque seu ego medroso precisa dele. Será simplesmente para que você desfrute disso.

A verdade sobre o dinheiro é que ele representa poder. Quando estamos no caminho mais fácil, somos tão poderosos quanto se pode ser. Temos tudo o que desejamos, com ou sem dinheiro. O caminho mais fácil é perfeitamente eficiente e não precisa usar dinheiro como intermediário para lhe fornecer o que você precisa e deseja. Mal posso esperar para ver você experimentar a mágica de conseguir o que deseja sem gastar um centavo! Isso já me aconteceu inúmeras vezes, e ainda fico encantada quando acontece. Você também ficará.

Você foi criado para viver em total prosperidade. É por isso que deseja essa condição e se sente defraudado quando não a alcança. Desde o início, o Criador estabeleceu as coisas de modo que você seja *sempre* perfeitamente agraciado sem precisar lutar para isso. A Mente Suprema criou o caminho mais fácil para que você tenha tudo o que pode ter ou desejar, *desde que esteja lá.*

Essa é a única pegadinha. Para ter tudo o que precisa e quer, você tem que estar no caminho mais fácil. Não é possível ter tais benefícios quando se está no caminho mais difícil; permanecer lá é como ter um milhão na sala ao lado e se recusar a ir até lá enquanto se queixa de não ter dinheiro!

Deixe-me reiterar: *quando você escolhe o caminho mais fácil, tudo o que você precisa ou deseja já é seu. Basta ir até lá e reivindicar o que quer.* Você pode ter esquecido esse fato, mas ele continua sendo real. Seu espírito já tomou as providências para atender a suas necessidades e desejos. Você é fabulosamente rico no caminho mais fácil.

Se você tem conhecimento do Novo Testamento da Bíblia, deve lembrar que em Mateus 6:33 o evangelista relata que Jesus, o supremo mestre, ao falar sobre as diversas necessidades e desejos das pessoas, indicou: "Buscai em primeiro lugar o Reino de Deus e a sua justiça e todas estas coisas vos serão dadas em acréscimo."

Embora a questão tenha sido expressada em uma linguagem de outra época, estou certa de que Jesus falava do caminho mais fácil. Ele falava sobre uma matriz criativa que nos foi fornecida como nosso local de manifestação extremamente fácil, na qual tudo o que precisamos fazer é pensar em nossas necessidades para que elas sejam atendidas; na qual tudo é seu antes que você perceba que precisa daquilo — só é necessário reivindicá-lo! Ele estava falando do reino de seu Espírito, que é o caminho mais fácil.

Apesar de ter certeza de que os estudiosos da Bíblia vão protestar, eu parafrasearia as palavras do mestre como: "Buscai em primeiro lugar o caminho mais fácil e lá você terá tudo o que deseja e de que precisa."

Tantos de nós ficamos pendentes de problemas de prosperidade, tentando obter aquilo que acreditamos ser necessário. A verdade é que aquilo que estamos tentando desesperadamente expressar já é nosso no caminho mais fácil! Você acreditaria que se não tem o que deseja talvez seja porque está se esforçando demais ou se preocupando em não ser capaz de consegui-lo? Ou procurando no lugar errado?

Se você não consegue o que realmente deseja é porque está tentando encontrar no caminho mais difícil seu tesouro do caminho mais fácil.

Para receber essas bênçãos ilimitadas, você precisa seguir a lei do caminho mais fácil: *toda forma de preocupação, esforço e luta é expressamente proibida*. Seu papel não é fazer as coisas acontecerem; seu papel é *permitir* que elas aconteçam. Seu papel não é descobrir como conseguir o que deseja; é entrar em contato com seus desejos, relaxar e se preparar para reagir à inspiração e à energia, fazer o que for indicado e saber onde colher suas bênçãos quando chegar a hora!

O caminho mais fácil é a Central da Prosperidade.

Desejo ou necessidade?

Para maior clareza, preciso definir algumas coisas. Apesar de saber que nem todo mundo define esses termos da mesma forma que eu, quero que você entenda o que estou dizendo quando os utilizo.

Minha definição de "desejo" é: algo que você adoraria ter, que está alinhado com sua percepção e foi implantado lá por seu Espírito. Essencialmente, é o anúncio de que algo perfeito para você está pronto para ser colhido. Onde você colherá isso? No caminho mais fácil, é claro.

Por outro lado, a "necessidade" está alinhada ao seu ego medroso, e significa que você sente falta de alguma coisa. A necessidade é um buraco que o DMD cria para engoli-lo. Ela desvia sua atenção do caminho mais fácil, dizendo que você não tem algo. No entanto, no caminho mais fácil você tem tudo. Bem, tem *quase* tudo.

Acho importante dizer que embora você possa ter tudo o que *deseja*, as *necessidades* criadas pelo ego não são atendidas no caminho mais fácil. Lembre-se de que seu Espírito, seu guia e administrador nesse caminho, tem sempre em mente o seu bem-estar. Ele sabe tudo sobre você e sobre aquilo de que precisa, o que vai lhe trazer satisfação e alegria e também o que vai levar sua vida na direção de *ainda mais* felicidade. Essa é a prioridade do seu Espírito.

Já o Ditador do mundo da dificuldade, como você bem sabe, trabalha para si mesmo. Ele tem interesse em mantê-lo desapontado e infeliz, de modo que tudo o que surja como necessidade acabe por contribuir apenas para sua frustração e insatisfação.

Basicamente, se alguma de suas necessidades não estiver alinhada com o Desígnio da Harmonia, ela não será atendida no caminho mais fácil. Se ela estiver em alinhamento com o Desígnio da Harmonia, será atendida. É melhor que você não tenha o que não estiver alinhado — a menos que você ainda não tenha se cansado de suas aventuras dolorosas no caminho mais difícil!

É um sistema notável e de uma elegante simplicidade. Alinhe-se ao Desígnio da Harmonia e você terá tudo facilmente.

Os relacionamentos florescem no caminho mais fácil

Uma das bênçãos que todos os seres humanos parecem mais desejar é um relacionamento a dois e o amor romântico.[4] Embora alguns de nós tenhamos descoberto que entrar em um relacionamento desse tipo é como pedir para ser lançado no caminho mais difícil, e apesar de termos experimentado mais sofrimentos que alegrias nessas experiências, ainda as desejamos e procuramos incessantemente. Por que isso acontece?

É porque desde que saímos do caminho mais fácil, começamos a sentir intensamente a falta do sentimento de Unidade que é a principal característica de nosso verdadeiro lar. Todos queremos sentir a união que sentíamos antes de termos deixado que o Ditador do mundo da dificuldade nos induzisse a acreditar que somos entidades separadas e competitivas, em vez de sermos facetas de um Todo unificado.

Assim, procuramos nos relacionar com os outros como forma de tentar satisfazer a ânsia pela Unidade. No entanto, a maioria descobre rapidamente que esse desejo só é satisfeito por alguns instantes, antes que a "realidade" se apresente. Você conhece alguém que acha atraente, essa pessoa sente atração por você, tudo é cor-de-rosa, você se sente inteiro e completo, todos os aspectos de seu amado ou amada são perfeitos e o mundo todo parece diferente — cheio de energia, renovado e maravilhoso.

É como estar no Paraíso. Então, quando você menos espera, tudo começa a murchar. Surgem problemas e as coisas se complicam. Logo, seu relacionamento se parece com qualquer coisa menos Unidade, e você se sente em qualquer lugar menos no Paraíso.

Então, o que aconteceu?

Quando alguém se apaixona, alguma coisa na pessoa amada faz o ego medroso baixar a guarda e não resistir ao fluxo do Amor através de si. Nessa condição, o amor flui no nível ideal, sua frequência vibratória vai para a estratosfera e você sente alegria e até mesmo êxtase. Tudo é perfeito! Seu

---
[4] Note que aqui uso a palavra amor com "a" minúsculo para indicar o sentimento de amor como um estado que podemos perceber. Uso a palavra Amor com "A" maiúsculo para me referir à essência da vida.

FLORESCER NA VIDA NO CAMINHO MAIS FÁCIL

nível vibratório alcança o nível do caminho mais fácil, do Paraíso. Dessa forma, a realidade que se manifesta para você é a realidade desse caminho.

A sensação vital, vibrante, bem-aventurada que sentimos e a maneira como tudo e todos — principalmente seu parceiro ou parceira — parecem belos e perfeitos quando estamos apaixonados são a realidade constante no caminho mais fácil! (Admito que poucos de nós passamos tempo suficiente naquela realidade para perceber seu pleno efeito, mas esse é o potencial. Eu passei por isso.)

No entanto, essa experiência rara de estar apaixonado logo se esvanece e sua sensação muda. Uma das razões para isso é o fato de que o Ditador do mundo da dificuldade se assusta e desperta quando percebe que essa união — esse novo nível de percepção — ameaça-lhe a existência. Ele salta e se reafirma. Começa a indicar diferenças, gostos e desgostos etc., usando tudo isso para nos fazer resistir ao livre fluxo do Amor.

Quando o fluxo do Amor é bloqueado, o apaixonado volta ao nível vibratório do caminho mais difícil, exatamente onde o DMD quer que ele esteja. Enquanto prossegue em sua campanha para nos impedir de experimentar a Unidade que o ameaça, o DMD nos mantém preocupados com diferenças e questões que causam a divisão. Todas as características da outra pessoa que você decide detestar ficam proeminentes em sua percepção. O conflito se instala. Você volta ao caminho mais difícil, a terra da separação.

O caminho mais difícil separa; o caminho mais fácil unifica. No primeiro ocorrem os conflitos; no segundo, temos a harmonia.

Portanto, para continuar a sentir amor, você precisa permanecer no *Amor*! Você precisa escolher o caminho mais fácil tantas vezes quanto necessário para manter o Amor fluindo completa e livremente através de você, de modo a permanecer em um nível vibratório elevado, no qual reina a harmonia e tudo é felicidade.

Dessa forma, você verá beleza e perfeição em vez de feiura e defeitos. Você se sentirá em unidade com a outra pessoa e se sentirá inteiro. Essa é a totalidade a que você aspira. No entanto, ela não pode ser encontrada no outro — ela é encontrada no caminho mais fácil e no Desígnio da Harmonia, que fundamenta aquele mundo.

Nós entendemos mal essa questão de totalidade. Estivemos procurando nos completar no outro — nas outras pessoas —, mas o sentimento de estar completo acontece somente quando estamos no caminho mais fácil. Estar em unidade com o próprio Espírito precipita o sentimento que você esteve buscando. Estar no caminho mais fácil nos dá a sensação de inteireza.

Quem nos dá o sentimento de completude nunca é o outro; é o estado da realidade. É mergulhar no Desígnio da Harmonia (que também foi chamado de "Desígnio da Totalidade e da Harmonia"). Estar em nosso lugar, nos braços do próprio Espírito, em harmonia com toda a criação é o caminho para se sentir completo.

Quer você tenha consciência disso, quer não, as outras pessoas sabem intuitivamente que não são capazes de nos dar a sensação de inteireza, portanto rejeitam nossas tentativas de encontrar esse sentimento no convívio com elas. Se você não entende isso, está ainda mais vulnerável a problemas de relacionamento, obviamente alimentados pelo DMD.

No caminho mais difícil, a Terra do Isolamento, você sempre se sentirá solitário e destacado, mas sempre se sentirá completo no caminho mais fácil, a Terra da Totalidade! Ali, não importa se você está envolvido intimamente com outro ser humano — você simplesmente se sente completo e realizado.

Quando você se sentir completo, realizado e feliz, não importa quem compartilhe de sua vida, a Lei da Atração trará para você outros seres humanos que se sentem completos, realizados e felizes. Essa é a base para um relacionamento saudável e feliz. Mesmo que você já mantenha um relacionamento há sessenta anos, escolher o caminho mais fácil pode transformá-lo.

Sei que isso imediatamente nos leva a perguntar: "E se o outro não estiver seguindo o caminho mais fácil?" Não importam quais são as percepções da outra pessoa sobre a própria realidade. *Quando você está no caminho mais fácil, todos aqueles com quem você convive estão lá também.* Se você perceber que o outro não está feliz, que as coisas entre os dois não estão harmoniosas ou simplesmente que a outra pessoa está no caminho mais difícil, isso significa que você escorregou *para fora* do caminho mais fácil!

Só você determina sua experiência, graças ao canal que escolhe sintonizar. Você é responsável por sua permanência no caminho mais fácil. De qualquer forma que encare essa questão, se quiser companhia no caminho mais fácil, você é quem decide.

Se ainda não tiver um parceiro ou parceira e quiser ter, a maneira de atrair e criar um relacionamento sadio e certo para você é estar no caminho mais fácil. Como alguém que se casou aos 23 anos e depois ficou solteira dos 25 aos 44, eu teria adorado conhecer o caminho mais fácil de modo a poder usar deliberadamente esse conhecimento para criar uma parceria saudável. Não fiz isso.

No entanto, felizmente eu tinha aprendido a confiar e a seguir a orientação do meu Espírito, o que é praticamente o mesmo que escolher o caminho mais fácil. Uma de minhas experiências mais notáveis naquele mundo aconteceu antes que eu o descobrisse. Acho que você vai concordar que só podia ter acontecido lá.

No início do outono de 1997, já fazia quase 18 anos do meu divórcio com primeiro marido, nove anos de meu último namoro sério e oito anos do meu último encontro amoroso. Embora eu quisesse muito um companheiro e tivesse feito inúmeras listas das qualidades que ele deveria possuir, sempre acrescentava a expressão "algum dia" a minhas fantasias sobre esse homem especial dos meus sonhos.

Como você vê, assim como todo mundo, eu passei por sofrimento nos meus relacionamentos em consequência de crenças limitantes e padrões comportamentais pouco saudáveis adotados em minhas passagens pelo caminho mais difícil. Estava decidida a me proteger contra mais sofrimento. Eu havia "trabalhado minha pessoa" de forma determinada durante muitos anos, fazendo tudo o que sabia para remover velhos sistemas de crenças prejudiciais, para crescer espiritualmente e para me curar, de modo que o próximo relacionamento fosse sadio e harmonioso.

Eu não ia me envolver em um relacionamento enquanto não sentisse que já não estava mais vulnerável à dor e aos velhos padrões que causaram problemas nos meus relacionamentos anteriores. Embora estivesse no auge de minha atividade física, não tinha sequer provado uma experiência amorosa durante oito anos nem sentido uma palpitação no coração! É claro que tinha sido objeto de admiração masculina, mas ninguém se aproximou. Era quase como se eu usasse um letreiro que dizia: "Mantenha distância!"

É verdade que ao mesmo tempo em que carregava um desejo de companheirismo, a falta de interesse masculino era muito conveniente — significava a segurança contra dores de cotovelo. Contudo, continuava a trabalhar em minha lista de qualidades do homem certo que viria no futuro. Ele seria inteligente, divertido, gentil, afetuoso, tranquilo, além de ansioso por crescer e ligado na mesma frequência espiritual que eu.

Essa última qualificação era o problema. Tendo uma perspectiva espiritual nada convencional (como você deve ter percebido) e não tendo até então encontrado ninguém, homem ou mulher, com a mesma visão das coisas, eu achava que seria praticamente impossível conhecer alguém que combinasse comigo espiritualmente.

No entanto, esse requisito era absoluto para mim. Como eu não tinha a menor certeza de que esse homem pudesse existir, se por milagre ele existisse evidentemente as chances de encontrá-lo eram infinitamente pequenas. (Eu ainda não havia percebido a extensão do meu poder para criar minha própria realidade!) Toda vez que me vinha esse pensamento, eu me sentia um pouco angustiada, portanto entreguei a questão a meu Espírito.

Não sei bem quando pensava que "o futuro" chegaria; não sei quando eu achava que me sentiria suficientemente preparada para me expor a um envolvimento com alguém; no entanto, como confiava implicitamente em meu Espírito, sabia que se houvesse alguém assim, na hora certa eu seria guiada para encontrá-lo, e então enfrentaria meus medos. Esse momento chegou quando eu menos esperava. Veio tão depressa que nem percebi sua chegada.

Uma tarde, quando estava terminando de fazer compras em uma loja de departamentos, passei pela livraria e senti grande interesse por um livro sobre relacionamentos conscientes — relacionamentos construídos com base em uma percepção espiritual compartilhada. O livro me atraiu quase como se tivesse um letreiro embutido que piscasse meu nome, portanto comprei-o e comecei imediatamente a ler. Iniciei a leitura naquela noite e terminei pouco depois do almoço do dia seguinte.

Ao ler aquele livro, percebi que ter um relacionamento com alguém é como fazer uma pós-graduação em crescimento espiritual. Como o crescimento espiritual era meu principal interesse, subitamente reconheci que um relacionamento era o que eu precisava como próximo passo. Entendi que em uma existência não há tempo suficiente para se criar defesas contra o sofrimento na interação com os outros. Nesse aspecto de minha vida, como em qualquer outro, eu precisava confiar que meu Espírito me guiaria a cada fase. Eu sabia que se tivesse fé, tudo daria certo.

Quando virei a última página, afirmei para meu Espírito, com alguma hesitação: "Agora estou pronta para crescer espiritualmente dentro de uma parceria íntima com um homem." Quando tornei a respirar, senti algo se mover dentro de mim como se tivesse entrado em outra realidade. Agora sei que aquela realidade era o caminho mais fácil.

Momentos depois, fui até o computador porque havia um fórum de discussão para pessoas interessadas em trocar ideias sobre os princípios do livro e eu estava ansiosa por explorá-los mais a fundo. Lá esbarrei com uma mensagem interessante de um homem simpático que morava em Denver. Começamos a conversar dentro do fórum e depois continuamos por e-mail. Miraculosamente, a visão dele sobre questões espirituais era tão parecida com a minha que ao ler um ensaio escrito por ele, fiquei em dúvida se não havia sido escrito por mim!

Ele também possuía todas as outras qualidades: era inteligente, divertido, gentil, afetuoso, sereno e decidido a crescer espiritualmente. (Mais tarde descobri que ele também era fisicamente atraente!) Nós nos entendemos de imediato.

Depois de alguns meses de amizade e de encontros, ficou claro que fomos feitos um para o outro e assumimos um compromisso. Eu saí da Carolina do Norte e me mudei para o outro lado do país para ficar com ele, de modo que ele não precisasse ficar longe das filhas pequenas.

Um ano e meio depois de nos conhecermos, Rick e eu nos casamos, e desde então continuamos a ver nosso amor crescer.

Agora, mais de 12 anos depois, ainda me surpreendo ao ver como tudo aconteceu depressa e sem empecilhos. Não houve tentativas, conflitos ou esperas envolvidas. Eu disse a meu Espírito — meu guia pessoal no caminho mais fácil — que estava pronta para um relacionamento, e foi o bastante! Alguns minutos depois de parar de resistir e entrar em um modo de aceitação, encontrei meu parceiro para a vida. Acho que isso pode ser chamado de facilidade, não é mesmo?

Portanto, se você estiver pronta para atrair um parceiro — alguém com quem desfrutar a vida, crescer espiritualmente e compartilhar aventuras no caminho mais fácil (e também, sendo realistas, algumas aventuras no caminho mais difícil) — experimente fazer o que fiz. Peça a seu guia pessoal no caminho mais fácil para cuidar da questão, assegure-se de estar nesse caminho e veja a mágica a ser realizada!

Talvez para você não aconteça tão depressa quanto no meu caso, mas certamente acontecerá no ritmo que você estiver disposto a permitir e da forma e no momento mais sintonizado com o Desígnio da Harmonia para amparar seu bem-estar e o de seu futuro companheiro.

Enquanto isso, escolher o caminho mais fácil em todas as áreas de sua vida garante que você fique tão feliz e saudável emocionalmente quanto possível. Garante que os relacionamentos que você atrair e formar serão assim, seja com um parceiro romântico, com familiares ou com amigos. Sentir-se íntegro e harmonizado com a vida, como nos sentimos no caminho mais fácil, é a chave para ter o tipo de relacionamento tranquilo, feliz e emocionalmente gratificante que todos desejamos.

Esses princípios se aplicam a todos os relacionamentos humanos, não apenas aos amorosos. Nós procuramos constantemente encontrar cooperação, harmonia e aquele sentimento de Unidade com todo mundo, mesmo que não tenhamos consciência disso. E o DMD está constantemente procurando isolamento e desarmonia. Portanto, para manter a harmonia e ser feliz em todos seus relacionamentos, faz sentido escolher o caminho mais fácil.

Seu lugar definitivo de felicidade

Estruturado dentro de você existe um desejo profundo e abrangente de felicidade. Na verdade, na raiz de tudo o que desejamos — relacionamentos, prosperidade, experiências espirituais, recursos materiais — está o desejo subjacente de felicidade. Essa é uma parte vital do projeto humano.

Esse desejo de alegria é a forma pela qual o Criador procura garantir que, por mais que estejamos imersos no caminho mais difícil, sempre ansiamos pelo reino da alegria — o caminho mais fácil, nosso verdadeiro lar.

A alegria é uma espécie de GPS que nos guia de volta a nosso verdadeiro lugar. Quando experimentamos alegria, sabemos que estamos onde podemos florescer. Quando não sentimos alegria, sabemos que saímos do caminho mais fácil e voltamos ao caminho oposto, onde não temos condições de florescer.

O caminho mais fácil é o reino da alegria, porque se manifesta na frequência vibratória que catalisa de forma automática e natural a alegria nos seres humanos. Felicidade é a característica primordial do caminho mais fácil. Quando estamos nessa condição vibratória, sentimos felicidade sem precisar de um motivo especial. Experimentamos o que chamo de *alegria incondicional* — aquela que acontece sem razão externa. Esse é o nosso estado original, ao qual retornamos quando escolhemos o caminho mais fácil.

Quanto mais tempo você passa naquele mundo, mais feliz se sente, o que torna ainda mais fácil permanecer lá. No capítulo anterior comentei que minha condição emocional foi elevada quando adquiri o hábito de elevar deliberadamente minha frequência vibratória. Da mesma forma, a prática de escolher o caminho mais fácil eleva sua condição emocional basal — o nível de sensação para o qual você retorna entre os altos e baixos.

Quando você passou tempo suficiente no caminho mais fácil e sua condição basal se elevou o bastante, seu estado *padrão* é a alegria! Esse é o estado de felicidade perpétua que você foi projetado para experimentar. Isso não significa que você não poderá revisitar a condição de não-ser-tão-feliz quando quiser — só significa que não-ser-tão-feliz é uma escolha e não um requisito, como o DMD tanto quer que você acredite.

Um processo

Talvez a ideia de felicidade constante seja um salto maior do que você está preparado para dar nesse momento. Afinal, expandir sua capacidade para o conforto e a alegria é um processo gradual depois de passar tanto tempo orientado pelo caminho mais difícil. Portanto, vamos falar um pouco sobre o que acontece nesse meio-tempo, quando você está mudando de realidade e ainda passa longos períodos no caminho mais difícil, porém escolhendo cada vez mais o outro mundo.

Quanto mais tempo você passar no caminho mais fácil, menos será aprisionado pelo caminho mais difícil, *mesmo quando estiver lá*. Você estará consciente de estar lá, em vez de pensar que a vida é aquilo e ponto final. Você não mais estará vulnerável a se ver mergulhado em tragédias e traumas. Já não será mais enganado e levado a pensar que os melodramas criados pelo ego medroso são a realidade, mesmo quando eles parecem ser reais e são percebidos dessa forma.

E você não vai passar tanto tempo lá agora que sabe que não precisa. Agora que você já sabe qual é a plataforma do Ditador do mundo da dificuldade, será mais capaz de identificar as maquinações e ilusões absurdas dessa entidade e simplesmente escolherá sair dali. Agora que sabe como escolher o caminho mais fácil e que experimentou o alívio que isso traz, essa opção se transformará em um hábito e você se verá escolhendo esse mundo como um ato reflexo.

Uma das coisas mais surpreendentes de escolher o caminho mais fácil é que toda a sua experiência de vida — física, mental, emocional e espiritual — será melhorada à medida que você se entregar cada vez mais ao processo. Quando você escolhe deliberadamente o caminho mais fácil pela primeira vez, dá início ao processo de transformação que continua mesmo que você não esteja consciente dele.

Ao continuar a escolher o caminho mais fácil, você descobrirá que não precisa fazer mais nada para facilitar o processo de criar uma vida de paz, prosperidade e alegria. Essa vida se desdobrará naturalmente e da melhor forma para apoiar seu completo bem-estar. Imagine: você esteve se esforçando e tentando alcançar uma transformação e um poder espiritual e pessoal, e só precisava escolher o caminho mais fácil! Agora você sabe disso.

A fé não é para os tímidos

Para confiar no caminho mais fácil em vez de participar de comportamentos do caminho oposto como a preocupação, a manipulação, o trabalho árduo etc., é preciso confiar em alguma coisa que está fora do domínio tridimensional da percepção comum? É preciso ter fé? Certamente.

É preciso acreditar que o caminho mais fácil existe, que ele sempre apoia nosso supremo bem-estar e que naquele mundo tudo sempre funciona de forma harmoniosa para nós. Quando você tem total confiança na disponibilidade constante de seu guia pessoal no caminho mais fácil, quando acredita que ele está sempre e infalivelmente no controle de tudo (seu Espírito nunca dorme) e acredita que nesse caminho tudo aquilo de que você precisa é seu sem dificuldades, você é recompensado com a prova de que tudo isso é real.

Essa é a natureza da fé. É preciso tê-la primeiro, antes que surjam as provas de que ela é justificada. E onde se adquire fé? Simplesmente *decidindo* tê-la.

Seu ego medroso com certeza tentará evitar isso. Ele lhe mostrará todos os possíveis inconvenientes de ter fé. Ele lhe dirá como você é idiota e ingênuo — até mesmo irresponsável. (Tudo o que não pode ser medido por meio dos cinco sentidos sempre é ridicularizado pelo ego medroso.) Ele continuamente tentará convencê-lo a livrar-se de sua fé no caminho mais fácil e reinvestir no mundo do conflito. Como de hábito, você só precisa desligá-lo e em seu lugar sintonizar as mensagens de amor e encorajamento do seu Espírito.

Às vezes, é preciso um pouco de paciência (artigo muito escasso em uma mente dominada pelo ego) para se alinhar com o momento certo do caminho mais fácil. Com muita frequência o DMD se apresenta, nos tira dessa realidade e nos rouba a expectativa confiante de realização de nossos desejos porque as coisas não acontecem no momento que esperamos. O ditador se vale dessa questão para levá-lo de volta ao lugar onde ele quer que você fique — de volta ao lugar em que você nem mesmo será capaz de perceber que seu desejo foi realizado no caminho mais fácil.

Por essa razão é da máxima importância ter o maior respeito pela inteligência, pelo ritmo e pelo senso de oportunidade do Desígnio da Harmonia. Você só precisa relaxar e não se preocupar com o andamento aparente das coisas.

Seu Espírito, em coordenação com o Desígnio da Harmonia, organiza tudo para você na ordem e no momento ideais, de modo a entrar em coordenação com o Todo e com seu supremo bem-estar e o de tudo e todos. Nem sempre você poderá ver esse funcionamento, e mesmo que possa vê-lo, ele não fará sentido para você. Portanto, em vez de confiar em evidências externas para decidir se as coisas estão a seu favor, apenas confie que elas sempre estão a seu favor no caminho mais fácil.

Uma vez tendo perseverado na fé apesar das aparências e tendo experimentado a mágica do caminho mais fácil, daí em diante ter fé nessa mágica será muito simples! Um conhecimento real e inabalável do fato de que todos os aspectos de sua vida são sempre amparados no caminho mais fácil será desenvolvido em você à medida que continuar a escolhê-lo seguidamente.

Se parecer que isso não está dando certo

Sua vida fica absolutamente mais simples e deliciosa quando você escolhe o caminho mais fácil e na medida do tempo que passa lá, mas é importante considerar que como criamos a nossa realidade no caminho mais difícil durante a maior parte de nossa vida, ainda podem acontecer algumas situações complicadas que já estavam a caminho.

Depois de tantos anos acreditando fielmente no que lhe diz o seu ego medroso, em coisas que simplesmente não são reais no caminho mais fácil, você pode já ter dado origem a condições que surgirão em sua experiência — ou seja, em sua experiência do caminho mais difícil. Passar por elas pode fazê-lo sentir que não fez muito progresso na criação de uma nova vida no caminho ais fácil. Não se iluda. Traga essas situações com você para o caminho mais fácil e veja como se transformam.

Além disso, quando o Ditador do mundo da dificuldade percebe que você está se livrando dele, ele decide balançar o barco no esforço de agarrá-lo de volta. No início ele pode acelerar o ritmo dos convites para trazê-lo de volta. Isso pode parecer um retrocesso, mas não é. Na verdade é um sinal de progresso. Se em vez de resistir a esses convites você não se preocupar com eles e utilizá-los como sugestões para escolher o caminho mais fácil, finalmente você se verá voltando a experimentar alegria muito mais depressa.

Abandonar o caminho mais fácil será totalmente contraproducente. Continuar a escolhê-lo é a única maneira de lidar de forma efetiva com toda situação do caminho mais fácil que surja por qualquer razão e a única forma de elevar sua vida a um nível em que os problemas são mais rarefeitos e a existência é mais fácil e feliz.

Logo você estará navegando nas águas mais calmas de sua nova vida no caminho mais fácil. Logo estará experimentando a mágica daquele mundo para resolver problemas e colecionando as bênçãos ilimitadas que já são suas naquele domínio. Logo estará florescendo em todos os aspectos, exatamente como foi criado para ser.

Estou muito entusiasmada por você e por tantas experiências incríveis que você terá ao escolher o caminho mais fácil!

Eu escolho viver no caminho mais fácil,
onde tudo é simples.

9
Como promover a vida no caminho mais fácil

Então você agora está escolhendo o caminho mais fácil e experimentando sua mágica. Fantástico! Para amparar seu renascimento em uma vida de muito mais conforto e alegria, algumas atitudes poderão ajudá-lo a abrir caminho e criar condições favoráveis a seu novo estilo de vida naquele mundo.

Esse é o tema deste capítulo: dar-lhe ideias para melhorar sua transição da vida antiga para a nova e apoiar o avanço de sua experiência no caminho mais fácil. Naturalmente, essas sugestões são opcionais; você só precisa usar as que achar atraentes — aquelas para as quais for guiado. Essas últimas serão as mais úteis, porque a atração que você sente indica que elas estão em alinhamento com você.

Seja paciente e compassivo consigo mesmo durante esse processo. Você é um dependente do caminho mais difícil em fase de recuperação. Lembre-se de que a impaciência e a aspereza são marcas registradas do DMD. Se ficar frustrado por não estar se movendo mais depressa nesse processo de transformação — e por recair no caminho mais difícil — você simplesmente retardará o processo.

Respire... relaxe... aceite... desfrute... e seja seu principal patrocinador, torcedor e melhor amigo! Então você poderá observar o desdobramento da mágica que será sua vida no caminho mais fácil.

Ajuda para lembrar-se de escolher o caminho mais fácil

Por mais firme que a sua intenção seja a de ficar no caminho mais fácil, há uma grande chance de que você continue a ser seduzido para voltar ao mundo oposto. Isso acontecerá com menos do que antes e com frequência cada vez menor à medida que você escolher a opção correta. No entanto, até que tenha criado um forte hábito de persistir nessa escolha, você poderá se descobrir *esquecendo-se* de fazê-lo, mesmo quando essa escolha é mais necessária!

Para ter certeza de que a ideia de escolher o caminho mais fácil não vai simplesmente fugir de sua mente, eis algumas atitudes que podem ajudá-lo a se lembrar de lembrar:

- **Coloque em lugares estratégicos bilhetes que o lembrem de escolher o caminho mais fácil.** Ponha esses lembretes nos lugares onde passa mais tempo — em sua casa, escritório, automóvel etc. Eles podem dizer simplesmente "caminho mais fácil!" ou "Eu escolho viver no caminho mais fácil, onde tudo é simples" ou "Respirar... relaxar... aceitar... desfrutar", ou qualquer coisa que o lembre de escolher esse mundo.

    Lembretes escritos à mão ou criados no computador, tão simples ou tão sofisticados quanto você queira, geralmente funcionam muito bem; você ainda pode baixar da internet alguns que eu criei. A página Freebies do meu site no endereço www.ILiveInEasyWorld.com também tem alguns pôsteres gratuitos [em inglês] que você pode imprimir e colar.

- **Crie e pregue nas paredes lembretes específicos**, além dos genéricos. Fiz isso quando estava procurando um editor para este livro. Criei um pôster para mim e mandei um também para Lisa, minha agente literária.

    No alto da página ficava o lema do caminho mais fácil: "Eu escolho viver no caminho mais fácil, onde tudo é simples." Então acrescentei: "O editor ideal para *Escolha o caminho mais fácil* está atraindo o livro nesse momento, sem dificuldade! Nosso papel é apenas permanecer nesse caminho, agir quando surgir a inspiração e deixar a mágica acontecer!" No pé da página estavam as ações: "Respirar... relaxar... aceitar... desfrutar." Isso realmente me ajudou a aceitar, em vez de tentar fazer as coisas acontecerem. Como você está lendo este livro, pode ver que deu certo!

- Crie o hábito de escolher o caminho mais fácil quando for dormir e quando acordar pela manhã. Escolher esse caminho no momento em que estamos caindo no sono garante que vamos permanecer na disposição ideal de aceitação, porque enquanto dormimos o Ditador do mundo da dificuldade não consegue interferir.

  Escolher o caminho mais fácil como o primeiro pensamento da manhã lhe dá o melhor início de dia e permite que você crie uma jornada harmoniosa. Colocar um lembrete no teto, acima da cama, de modo que ele seja sua primeira visão ao despertar pode ser muito eficaz. Também é muito eficaz colocar esse lembrete no espelho do banheiro ou na parede para a qual você fica olhando quando está... "sentado no trono"!

- **Programe lembretes de escolher o caminho mais fácil em seu celular ou computador.** Existem muitos aplicativos gratuitos de administração do tempo à disposição na internet.

- **Escolha uma caneca para a função de lembrete do caminho mais fácil** e use-a sempre para tomar o café da manhã — e também as bebidas da tarde e da noite. Quando beber, você poderá dizer algo como: "A cada gole eu entro mais profundamente no caminho mais fácil, onde tudo é simples."

  Você pode usar tinta para vidro ou cerâmica e escrever as palavras mágicas daquele caminho em sua caneca ou pode encontrar canecas do caminho mais fácil e outros artigos na loja do site www.iliveineasyworld.com.

- **Encontre um parceiro ou alguns parceiros do caminho mais fácil** com quem possa fazer o acordo de se lembrarem mutuamente de escolher essa realidade. Ter outras pessoas como sistema de apoio é um recurso muito eficaz e poderoso. Não consigo lhe contar quantas vezes outras pessoas me lembraram — justo a mim, a mensageira do caminho mais fácil —, de voltar para ele!

- **Baixe um "papel de parede" e um protetor de tela do caminho mais fácil para seu computador**, de modo que sempre que olhar para ele você seja lembrado. (Busque esses recursos na página Freebies do meu site, no endereço www.ILiveInEasyWorld.com)
- **Deixe este livro à mão.** Deixar este livro em um lugar onde possa ser visto servirá como lembrete; quando você sentir necessidade de um encorajamento, a leitura de algumas páginas o levará diretamente a seu lugar naquele mundo!

Controle suas influências

O meio mais rápido que conheço de alguém se ver de volta às profundezas do caminho mais difícil apesar das melhores intenções contrárias é um convite feito ao seu ego medroso por outros egos medrosos. Comece a notar de onde vêm esses convites e reduza tanto quanto possível sua exposição a essas fontes, ou planeje antecipadamente como vai permanecer no caminho mais fácil quando tiver contato com elas.

Uma vez tendo criado uma vida em que predomine o caminho mais fácil, você descobre que graças à Lei da Atração os convites para o caminho mais difícil diminuirão. Sua realidade no primeiro atrairá mais influências para permanecer onde deve. No entanto, nesse momento em que você está entre os dois caminhos é praticamente impossível evitar os convites para voltar ao caminho mais fácil. Mas você pode se vacinar contra isso simplesmente reconhecendo essa possibilidade e tomando o cuidado de escolher sempre o caminho mais fácil.

Descobri que existem lugares onde pareço ficar mais vulnerável ao DMD se não me preparar com antecedência. Depois que descobri isso, tomei as seguintes precauções: primeiro, só vou a esses lugares quando absolutamente necessário e faço questão de não ir quando me sinto mais suscetível à energia do caminho mais difícil.

Segundo, procuro ficar centrada e adotar uma atitude de observação para não estar sujeita a ser aspirada a partir do nível visceral. Terceiro, e mais importante, tomo o cuidado de escolher o caminho mais fácil antes de ir (e tantas vezes quanto for preciso depois disso) e procuro irradiar ativamente amor incondicional enquanto estiver lá. Que diferença! Portanto, preste atenção a seus grandes desafios no caminho mais difícil e faça os ajustes necessários. Relaciono a seguir algumas prováveis fontes de convites para o caminho mais difícil:

- **Noticiários.** São os porta-vozes do caminho mais difícil. Dizem que o credo dos editores de jornal e diretores de jornalismo na TV é: "Se tiver sangue, é notícia." Isso prova claramente meu ponto de vista. O Ditador do mundo da dificuldade é totalmente obcecado por dramas, traumas, perigo e catástrofe real ou potencial, convites perfeitos para o mundo dele.

   Quanto mais chocantes forem os detalhes, mais fascinado fica o ego dirigido pelo cérebro reptiliano. Passe o menor tempo possível alimentando seu ego medroso dessa forma. Note que nesse momento da história consumir noticiários só serve para aumentar a influência do DMD em sua vida e garantir sua permanência no caminho mais difícil.

   Portanto, considere a possibilidade de não mergulhar no jornal, na TV ou nos sites de notícias. Seu ego medroso vai tentar mantê-lo viciado em notícias dizendo-lhe que você vai perder alguma coisa importante se não procurar se informar. Isso é apenas mais um artifício para mantê-lo entrincheirado no caminho mais difícil. Se houver alguma coisa que você realmente precise saber, tenha absoluta certeza de que seu Espírito o orientará de alguma forma em direção àquele conhecimento.

   Se alguma coisa o assustar, perturbar, irritar ou de alguma maneira convidá-lo a uma vibração mais baixa e para fora do caminho mais fácil, largue o jornal, desligue a TV ou passe para uma página da internet que apoie sua permanência no caminho mais fácil!

- **A arena política.** O envolvimento com política é algo que você talvez deva limitar, porque é uma área verdadeiramente sedutora para o DMD. Como tudo na política é uma questão de quem está certo ou errado, o DMD não está somente em casa na política, ele também se alimenta dela.

Os conceitos maniqueístas de certo e errado são puramente calcados no ego. Quando você é apanhado por eles, está definitivamente no caminho mais difícil! Se você se envolver com política, esteja muito consciente de que ao julgar os outros certos ou errados (e julgar-se certo!), você cai nas garras do DMD.

Se você achar a arena política irresistível, o que muitas vezes me acontece, principalmente durante as eleições presidenciais dos EUA, tenha o cuidado de manter uma postura de observador, lembrando-se de que, embora acredite que pode ver com clareza o que "deveria" acontecer, na verdade só quando se está no nível de vibração mais alta pode-se realmente ter uma visão global das situações. E não é possível alguém manter a vibração mais alta e permanecer no caminho mais fácil enquanto estiver julgando e fazendo oposição — e a política não é nada mais que isso!

- **Suas distrações (cinema, televisão, jogos, livros, música etc.).** Procure perceber para qual dos dois mundos suas distrações o convidam. Como o caminho mais difícil é tão dominante na consciência das massas e como hoje em dia a própria qualidade reptiliana da cobiça costuma ditar uma parte tão grande do que acontece na indústria do entretenimento, as distrações criadas para atrair as massas geralmente estão voltadas para o DMD. E sua criação é influenciada pelo DMD dos outros!

No entanto, existem fontes de entretenimento que não têm essa característica, e certamente um número crescente delas causa elevação e nos apoia na atividade de aumentar o nível vibratório. Escolha entretenimento que favoreça o sentimento de Amor e que transcenda a resistência do DMD ao fluxo do Amor dentro de você. Você pode estar certo de que tudo o que gera medo, raiva ou tristeza alimenta o DMD e contribui para mantê-lo atolado no caminho mais difícil.

Não sou tola a ponto de pensar que você vai abandonar a frio suas distrações favoritas se elas forem baseadas em conceitos do caminho mais difícil, porém basta estar atento e escolher conscientemente, em vez de se deixar levar.

Quando você passar mais tempo no caminho mais fácil, suas escolhas de entretenimento naturalmente evoluirão de modo a combinar com sua nova preferência de promover uma frequência vibratória mais alta. Enquanto isso, mantenha seu papel de observador e não se deixe apanhar por nada que contrarie sua intenção de viver a vida nesse caminho.

- **As pessoas com quem você convive.** Escolha essas pessoas procurando verificar se seus sentimentos são positivos ou não na presença delas (e vice-versa). Algumas associações tendem a invocar seu ego medroso, enquanto outras trazem à tona seu lado mais iluminado.

Embora o fato de escolher o caminho mais fácil com mais frequência naturalmente vá atrair pessoas que têm sintonia com suas vibrações mais altas e vá repelir os que não estão em sintonia com essas vibrações, por enquanto é melhor você tomar cuidado para não se prejudicar sem necessidade.

Não estou sugerindo que você dispense velhos amigos e sócios, mas quando escolher com quem vai passar seu tempo, você pode melhorar suas chances de manter uma vibração alta se evitar aqueles que em sua opinião dão força ao seu DMD.

Às vezes continuamos a nos associar a determinadas pessoas por uma questão de hábito, lealdade ou por medo de perder. Esteja certo de que quando você abrir mão daqueles que não combinam com sua nova pessoa o Universo vai preencher o vácuo criado trazendo indivíduos que combinem com sua nova forma de ser.

Apesar de não podermos substituir nossos parentes, se nossa reação à presença deles for permanecer no caminho mais difícil, quando necessário podemos minimizar o tempo passado com eles e modificar nossas próprias reações a eles de modo que, ao conviver, não nos deixemos atrair pelo vórtice regressivo!

- **O ato de dirigir, principalmente em trânsito pesado.** Mesmo nas pessoas mais centradas, amorosas, gentis e educadas, isso parece trazer à tona o DMD! As vias expressas são como o parquinho dos egos dos indivíduos, e quase sempre recebemos convites para "brincar".

O anonimato de que desfrutamos na estrada, fechados dentro dos carros, parece deixar mais forte o ego dirigido pelo cérebro reptiliano, portanto as pessoas têm atitudes que nunca teriam em situações mais personalizadas.

Evidentemente, não podemos deixar de dirigir, mas podemos fazer o possível para escolher momentos menos caóticos nas ruas. Esteja certo de que provavelmente receberá alguns convites do DMD, porém, ao sair, você pode escolher o caminho mais fácil e continuar a escolhê-lo durante todo o percurso. (É aí que um lembrete no carro pode ajudar).

Em vez de ter uma reação passional quando alguém fizer alguma coisa que não agrade a seu ego, você pode manter seu papel de observador e se recusar a ser apanhado na rede. Você pode simplesmente *decidir* esfriar a cabeça! Uma das minhas maneiras favoritas de me elevar acima do ego irritável nessas situações é sentir compaixão pelos problemas daqueles que são apanhados no caminho mais difícil — porque eu vivo no caminho mais fácil, onde tudo é simples!

- **Bebidas alcoólicas e lugares cuja maior atração é servir bebida alcoólica.** Esses lugares são especialmente atraentes para o DMD e estão cheios de oportunidades que nos aspiram para dentro do caminho mais fácil.

Um pouco de álcool pode anestesiar o ego e fazer com que ele fique menos resistente, de modo que seu eu franco e amigável prevaleça. No entanto, um pouco *mais* de álcool pode baixar sua vibração e fazer emergirem seus aspectos menos iluminados, induzindo-o a causar ou participar de confusões.

E também há os outros indivíduos que estão bebendo e que ainda não têm a intenção de viver no caminho mais fácil! Desde um bate-boca com um amigo até a participação em uma briga de bar, passando por tudo o que acontece entre esses dois extremos, a desarmonia acontece porque nesses lugares o DMD é poderoso. Portanto, fique atento a essa dinâmica e leve-a em conta ao fazer suas escolhas.

Como criar um ambiente apoiador

A atmosfera que o cerca é mais importante do que você imagina quando se trata de permanecer no caminho mais fácil. Apesar de seu ambiente ser um reflexo de seu estado de consciência, ele também pode mudar sua consciência. Ele pode ser estimulante.

Se alguma vez você redecorou um espaço, sabe do que estou falando — isso nos dá um sentimento diferente e uma nova perspectiva. E se alguma vez você limpou e reorganizou um espaço que realmente precisava disso, sabe como é algo que libera sua energia e lhe dá "uma nova visão da vida". Isso simplesmente nos dá *poder*.

Quando eu estava no processo de procurar um agente literário e um editor para este livro, arrumei, limpei e reorganizei meu escritório em preparação para a tarefa que tinha à frente. E isso definitivamente me apoiou na manutenção de um nível vibratório mais alto, mudando toda a minha perspectiva. Antes, meu escritório estava bastante bagunçado; o fato de não ter pelo ambiente tanto entulho, poeira e obstáculos a contornar libertou minha psique e facilitou a permanência no caminho mais fácil! Eu até mesmo atraí uma escrivaninha grande e quase nova, além de estantes que combinavam com ela, pagando apenas o frete para transportá-las.

Minha escrivaninha antiga estava caindo aos pedaços e era muito pequena. Eu sabia que estava na hora de ter uma escrivaninha nova, mas não tínhamos dinheiro para comprá-la. Quando a mãe de Rick mudou-se para uma casa menor, deu para a irmã dele uma escrivaninha grande e bonita que eu sonhava ganhar de presente, mas nunca pedi. Quando isso aconteceu, entreguei a questão ao cainho mais fácil e esqueci o assunto, certa de que logo teria uma escrivaninha melhor *de alguma maneira*. Até lá, eu sabia que limpar e arrumar as pilhas de entulhos acumulados em meu escritório liberaria energia, portanto, mãos à obra.

Eu estava no meio do processo de limpeza quando Rick recebeu um e-mail da irmã. Ela estava de mudança para um local onde não haveria espaço para a escrivaninha e as estantes que ela tinha ganhado da mãe. Sem saber que eu queria o móvel, ela o ofereceu para nós, juntamente com as estantes. De graça! Estou escrevendo este livro em cima dessa mesma escrivaninha.

Meu escritório "novo" e organizado, com a grande mesa de trabalho, realmente mudou minha perspectiva. Meu ambiente ficou mais agradável, eficiente e cheio de energia. O presente que o caminho mais fácil me deu foi mais um encorajamento para não só confiar em sua mágica, mas também querer compartilhar com você esse conhecimento!

Seja sua casa, seu local de trabalho ou seu carro, o que o cerca tem uma influência sobre seu nível vibratório e sua capacidade de permanecer no caminho mais fácil. Seu ambiente exerce sobre você um impacto psicológico, emocional, físico e espiritual. Olhe em torno e veja o que em seu ambiente pode estar trabalhando na direção inversa de sua intenção de viver uma vida de facilidade e alegria. Faça o que for necessário para melhorar a situação. Deixe que o caminho mais fácil o ajude.

- **Tornar (manter) seu ambiente limpo e organizado é uma das principais maneiras de melhorar o humor,** e só custa um pouco de tempo e energia. Sujeira e entulho são indicativos de energia estagnada, que bloqueia o fluxo de energia saudável.

  Custe o que custar, livre-se de tudo o que não contribui para a paz e a clareza que você poderia sentir se tudo aquilo não estivesse ali. Existem diversos livros úteis e motivadores que falam de se livrar do entulho pela ótica do Feng Shui. Eu mesma utilizei esses livros para fazer uma grande diferença no meu ambiente. (O Feng Shui é um sistema milenar chinês para equilibrar e promover um fluxo ideal de energia.)

  Certa vez, quando Rick e eu estávamos pensando em como obter recursos para comprar uma casa, limpamos nosso quarto de guardados (que, de acordo com o Feng Shui, estava situado no setor da prosperidade do nosso apartamento), dispensamos grande quantidade de coisas que guardávamos sem necessidade e organizamos o resto. Uma semana depois, apresentou-se uma fonte de recursos em que não havíamos pensado e começamos a procurar uma casa! Um ano depois de comprar a casa, quitamos a hipoteca! *Caminho mais fácil!*

- **Arrumar seu espaço de modo que ele seja equilibrado e harmonioso gera dentro de você uma sensação de equilíbrio e harmonia.**

E isso o leva a permanecer em uma vibração mais alta e dentro do caminho mais fácil. Se essa for uma área em que você precise de ajuda, peça a colaboração de um amigo com talento para decoração de interiores ou, se puder, contrate um decorador.

Mais uma vez, busque no Feng Shui a orientação sobre como organizar seu espaço de modo a criar mais harmonia, saúde e prosperidade por meio da geração de um fluxo ideal de energia no ambiente. Você vai descobrir que examinar seu espaço com o objetivo de aumentar o fluxo de energia e criar um equilíbrio visual automaticamente garantirá ambientes confortáveis, atraentes e propícios a sua permanência no caminho mais fácil.

- **Espaços claros e bem iluminados promovem alegria.** Para começar, se você deixar entrar o máximo de luz natural e complementá-la com iluminação artificial, aumentará suas chances de viver dias felizes e saudáveis.

  Use lâmpadas de espectro pleno em suas luminárias. Isso ajuda a manter os hormônios que controlam o humor equilibrados. Essas lâmpadas definitivamente são melhores para nós. A luz de pleno espectro estimula a glândula pineal, que é nossa conexão para experimentar os domínios mais elevados — ou seja, o caminho mais fácil!

- **As cores afetam perceptivelmente a energia e o humor.** Tome o cuidado de se cercar de cores harmoniosas e estimulantes. Uma das coisas mais importantes e baratas que podemos fazer para criar um ambiente propício ao caminho mais fácil é pintar as paredes de uma cor de nosso agrado e que nos deixe felizes.

  Escolha as cores mais claras para os espaços em que você pretende ficar alerta e ativo, e as cores mais sutis e tranquilizantes para os locais de repouso. As tintas de pleno espectro são a versão pictórica das lâmpadas de pleno espectro. Elas imitam a natureza, porque incluem em cada tonalidade as sete cores encontradas na luz natural, criando um efeito que equilibra e estimula.

  Antes de pintar as paredes, experimente usar a tinta para escrever sobre elas termos como "amor", "alegria" e, naturalmente, "caminho mais fácil", e então cubra essas palavras com a tinta. Depois que as paredes estiverem pintadas você não poderá ver as palavras, mas a energia delas estará presente, e você saberá que elas estão abençoando o ambiente.

Se por alguma razão você não puder pintar o local, use cortinas coloridas, tapeçarias, quadros e outros acessórios para ajudar a ampliar sua energia. Você também pode fazer alguma pesquisa sobre cromoterapia e usar lâmpadas coloridas para equilibrar e curar.

- **Usar difusores de óleos essenciais de qualidade terapêutica pode ajudá-lo a permanecer no caminho mais fácil,** porque isso desloca energia para os lobos frontais do cérebro (e a mantém ali), melhorando seu humor e estimulando a glândula pineal.

  Você pode escolher óleos cujas fragrâncias deem mais energia, acalmem ou ajudem a se sentir em maior sintonia espiritual. (Há mais informações sobre óleos essenciais no capítulo 7, na seção sobre aromaterapia das "Técnicas e ferramentas para aumentar a frequência".)

- **Encher seu ambiente de música alegre** (conforme também discutimos em detalhes no capítulo 7, como parte das "Técnicas e ferramentas para aumentar a frequência") pode mantê-lo cheio de animação no caminho mais fácil.

Estratégias holísticas de cuidados pessoais para saúde em todos os níveis

Viver no caminho mais difícil certamente cobra um preço por criar estresse em nossos sistemas, o que resulta para todos uma piora da saúde geral. Quer você tenha grandes problemas de saúde ou apenas não esteja tão bem quanto poderia estar, saiba que não está só. Todo mundo foi afetado em algum grau pela influência do caminho mais difícil.

O caminho mais fácil reduz automaticamente o estresse, contribuindo para a recuperação da saúde, mas você pode ajudar esse processo. Quanto mais saudável você estiver em todos os aspectos — corpo, mente e emoções —, mais fácil será permanecer naquele mundo ideal. Sentir-nos tão bem quanto possível definitivamente nos deixa poderosos.

Basicamente, qualquer das modalidades criadas para melhorar a saúde e o bem-estar do corpo, da mente e das emoções tem algum efeito no processo de aumentar a frequência vibratória e favorecer a vida no caminho mais fácil. Com a explosão de abordagens holísticas e alternativas para lidar com quase todos os aspectos da vida, temos muitas opções.

Não vou tentar cobrir todas as possibilidades, mas estou certa de que você já conhece muitas opções e será guiado para outras que lhe possam ser benéficas. Só vou destacar algumas opções para que você pense nelas. Pode ter certeza absoluta de que seu Espírito o dirigirá na direção daquelas que forem mais úteis e eficazes para você.

- **Beber a quantidade ideal de água pura**, sem cloro e outros compostos químicos, é importante não só do ponto de vista mecânico, mas também do ponto de vista vibratório. A água é um grande condutor de eletricidade, e você foi criado para ser uma entidade radiante e eletromagnética. Manter a hidratação é o requisito para alcançar a frequência vibratória mais alta.

  A hidratação ideal é necessária por inúmeras outras razões. Você não pode ter saúde e conforto físico se estiver desidratado! Faça alguma pesquisa sobre as opções de água potável para determinar que tipo funciona melhor para você.

- **Nutrir o corpo com alimentos de alta qualidade, integrais e naturais** que sejam do seu agrado. Alguns alimentos nos ajudam a aumentar o nível vibratório, enquanto outros diminuem a vibração.

  A opção de dieta é muito individual. O que faz uma pessoa florescer pode levar outra a sofrer de doenças ou deficiências nutricionais, portanto, encontrar seu melhor plano de alimentação é uma questão de ouvir o que diz seu corpo e experimentar. Para encontrar os alimentos ideais para você é preciso levar em consideração uma série de fatores, como preferências pessoais, intolerâncias, alergias, clima, questões emocionais, tipo de constituição e outros.

  Você provavelmente já tem algumas diretrizes dietéticas próprias, não por ter lido em algum livro, mas por ter prestado atenção à reação de seu organismo a diversos alimentos; sendo assim, expanda essas diretrizes para descobrir como comer de modo a se sentir em sua melhor forma. Peça a orientação de seu Espírito para descobrir os alimentos ideais e uma maneira de comer que favoreça sua permanência no caminho mais fácil.

É bom pensar em aumentar a quantidade de alimentos orgânicos, crus e vivos que consome, já que a digestão desses esses alimentos gasta menos energia e promove um aumento geral da frequência vibratória. Eles aumentam sua força vital em vez de diminuí-la, como fazem os alimentos desvitalizados. Na verdade, quando tive uma experiência espontânea de consciência cósmica na Suíça havia passado várias semanas em uma dieta vegetariana de alimentos crus. Aqueles que comem um alto percentual de alimentos vegetais crus são algumas das pessoas mais radiantes, bem-humoradas e de alta vibração no planeta!

Além disso, usar sal marinho de boa qualidade, cujo conteúdo mineral seja completo e equilibrado, em vez de consumir cloreto de sódio puro (o tipo de sal geralmente encontrado nos supermercados), do qual todos os outros minerais foram extraídos, ajuda a permanecer com uma vibração mais alta.

Mais uma sugestão dietética: pense em diminuir a ingestão de açúcar refinado e carboidratos. Nada invoca mais o DMD que uma redução do açúcar no sangue depois de uma boa dose daquela coisa branca!

- **Eliminar toxinas** e o estresse físico e mental que elas causam o ajudará a alcançar e conservar um nível vibratório mais alto. Manter a regularidade da excreção é extremamente importante, porque trata-se de uma limpeza interna.

Um corpo constipado e cheio de toxinas não ajuda nem um pouco a permanência no caminho mais fácil — sei disso por experiência própria! Em geral, o vilão nesse caso é uma falta de oligoelementos, portanto assegure-se de ingerir a cota recomendada. Se uma dieta saudável, rica em fibras, alimentos integrais, minerais e bastante água não conseguir manter seu intestino regular, podem ser encontrados bons suplementos nas lojas de alimentos naturais.

Outra questão a levar em conta é a exposição de regiões do corpo a uma grande quantidade de toxinas altamente prejudiciais. Elas vêm de inúmeras fontes, entre as quais estão o meio ambiente, os alimentos, as medicações e as substâncias não naturais com as quais entramos em contato diariamente, como por exemplo os produtos derivados de petróleo e até mesmo as obturações dos dentes.

Ao longo da vida, o corpo acumula uma carga tóxica que reduz a vibração e que precisa ser eliminada. Existe uma grande quantidade de técnicas de purificação voltadas para diferentes sistemas do corpo e diferentes tipos de toxinas. Consulte seu profissional de saúde para obter orientação.

- **Usar produtos de higiene naturais e orgânicos.** Basicamente, o que você não puder comer não deve usado no corpo. Sua pele absorve tudo o que é aplicado sobre ela, portanto, se você não come um derivado de petróleo, não passe na pele produtos que contenham derivados de petróleo, como os óleos minerais e outros ingredientes tóxicos.

Como isso afeta sua intenção de permanecer no caminho mais fácil? De algumas maneiras. A primeira é que você vai permanecer mais saudável se usar em todas as áreas de sua vida produtos naturais e livres de toxinas. Além disso, fazer parte de uma atividade comercial com empresas que estejam criando produtos a partir de uma percepção mais elevada e que leve em conta a saúde do consumidor faz de você um participante de uma realidade vibratória mais alta e o aproxima do caminho mais fácil.

- **Manter o equilíbrio hormonal é importante para a saúde** em todos os níveis de seu ser. Quando os hormônios estão desequilibrados, sua saúde, inclusive seu nível de energia e humor, é prejudicada. E isso dificulta a permanência no caminho mais fácil.

Este tópico é complexo demais para que possamos até mesmo começar a tratar dele, mas gostaria de encorajá-lo a fazer uma avaliação se estiver tendo problemas como falta de energia, alterações bruscas de humor, TPM, sintomas de menopausa ou outros que indiquem desequilíbrio hormonal.

Esses problemas podem ser tratados com o apoio nutricional e outras abordagens naturais. Pessoalmente fui ajudada quando usei hormônios bioidênticos totalmente naturais receitados por meu médico depois de uma bateria de exames que mediram minha produção hormonal. Talvez seja interessante fazer alguma pesquisa sobre esses hormônios. Eles podem ajudar tanto mulheres quanto homens a manter o equilíbrio hormonal em todos os estágios da vida adulta.

- **Dormir bastante.** O sono é o presente que ganhamos diariamente para retornar ao caminho mais fácil sem interferência do Ditador do mundo da dificuldade. É a maneira pela qual conseguimos rotineiramente manter nossos egos medrosos fora do caminho para poder recuperar o alinhamento com a Fonte, de modo que a Força Vital possa fluir livremente dentro de nós. Essa é uma das principais razões pelas quais dormir é tão saudável e rejuvenescedor — é quando baixamos a resistência e voltamos plenamente ao Desígnio da Harmonia, alinhados com o padrão divino para nossa saúde e integridade, recebendo uma carga plena de Amor/Força Vital para nos avivar.

Quando dormimos, permanecemos no caminho mais fácil desde que nos entreguemos de fato ao sono e relaxemos. Dormir o suficiente é extremamente importante para elevar a frequência e mantê-la elevada de modo a podermos ter acesso fácil ao caminho mais fácil nas horas de vigília. Nunca subestime o poder de uma noite de sono ou um cochilo quando estiver no caminho mais difícil!

- **Tomar cuidado para não deixar o medo mantê-lo em uma situação prejudicial.** Se você estiver envolvido com algum tipo de parceria, inclusive o casamento, ou em *qualquer* situação que não o ajude a permanecer caminho mais fácil, procure descobrir o motivo. A permanente drenagem de sua energia causada por um relacionamento desequilibrado ou por outra situação de estresse é um presente para o ego medroso.

Isso também vale para o trabalho. Se sua situação profissional não lhe permite expressar seu gênio pessoal, se você não é valorizado e/ou respeitado no trabalho ou se ele, de alguma forma, dificulta sua experiência do caminho mais fácil, você precisa mudar sua abordagem ou pensar se aquela associação é correta, além de confiar que seu espírito vai conduzi-lo a uma situação mais adequada. Não deixe que o medo da mudança ou qualquer tipo de medo o afaste do caminho mais fácil!

- **Ter maior respeito por si mesmo.** Respeite sua energia; mais que qualquer outra orientação, respeite a orientação de seu Espírito, confie em si mesmo e dê prioridade às suas necessidades. Sei que tudo isso contraria o que é ensinado em nossa sociedade, mas adivinhe quem está por trás dos ensinamentos do chamado altruísmo, da atitude de se colocar em último lugar? Isso mesmo: o Ditador do mundo da dificuldade. Ele sabe que se você der prioridade aos outros e se colocar em último lugar acabará enfraquecido, frustrado e ressentido, e aí ele terá você exatamente onde quer.

  Assim como a comissária de bordo orienta nas instruções de segurança que nos dá na decolagem do avião, coloque sua máscara de oxigênio antes de tentar ajudar outra pessoa. Não estou defendendo uma atitude egoísta e imprudente; estou apenas procurando fazê-lo buscar primeiro a sintonia com seu Espírito, entrar em alinhamento com o Desígnio da Harmonia e satisfazer suas próprias necessidades. Dessa forma, você se sentirá genuinamente generoso e preparado, disposto e capaz de dividir com os outros seu amor e suas riquezas.

  Uma parte importante de honrar-se e respeitar-se é falar consigo mesmo com gentileza e generosidade. Apoie-se sem excesso de preocupação e sem usar qualquer tipo de linguagem grosseira consigo ou sobre si mesmo. Só fale de si com amor. Afinal, você é uma pessoa amada e vital para o caminho mais fácil e simplesmente não conseguirá se manter lá se não se tratar bem! Além disso, só o DMD é grosseiro.

Temos também um dos seguintes componentes importantes para permanecer no caminho mais fácil, que foram tratados em detalhes no "Sistema progressivo para elevar a frequência".

- **Manter as emoções em equilíbrio** deixando que os sentimentos fluam é vital para permanecer no caminho mais fácil. Expresse suas emoções quando surgirem, em vez de reprimi-las.
- **Exercitar-se regularmente** mantém sua energia em movimento, oxigena o cérebro, libera endorfinas e a melhora das mais diversas maneiras sua totalidade e seu nível vibratório.

- **Relaxar** é um dos principais requisitos para permanecer no caminho mais fácil, portanto é vital fazer do relaxamento sua prioridade.
- **Irradiar regularmente Amor incondicional** o manterá no caminho mais fácil e transformará sua vida de formas que você provavelmente nem consegue imaginar!

Confie no processo

Existem inúmeras maneiras de promover sua vida no caminho mais fácil. Tenha certeza de que você já está usando algumas delas e de que seu espírito está dirigindo você para outras. Eu amo a aventura de descobrir estratégias que me ajudem a permanecer no caminho mais fácil e sei que você também gostará de fazer isso.

A recompensa por essas descobertas é nada menos que um nível de vida completamente novo. Uma vez que você tenha assimilado bastante a mentalidade do caminho mais fácil, adotado hábitos que apoiam a vida naquele mundo e alcançado, graças a esses hábitos, um nível vibratório basal mais alto, você acabará por ser capaz de permanecer lá e só mergulhar no caminho mais difícil quando quiser. Bom, não é mesmo?

Eu escolho viver no caminho mais fácil,
onde tudo é simples.

10

Perguntas e respostas sobre o caminho mais fácil

*E*mbora eu tenha feito todo o possível para dar a você uma visão geral do caminho mais fácil, sei que não tenho como cobrir todas as possíveis dúvidas sobre esse assunto. Mesmo que a vida naquele caminho vá permitir a você perceber suas nuances e receber diretamente as respostas para quaisquer dúvidas que tenha sobre ele, talvez seja útil compartilhar algumas das perguntas que me foram feitas e as respostas que dei.

O caminho mais fácil é um local físico?
Sim e não. O caminho mais fácil é qualquer local físico em que você esteja quando o escolher. Ele existe simultaneamente com o caminho mais difícil e compartilha com ele o mesmo espaço físico. Assim como sua televisão recebe tanto o canal 1 quanto o canal 2 (e inúmeros outros canais), mas só mostra na tela um canal de cada vez, seu mundo físico recebe múltiplas realidades. Embora o caminho mais fácil seja diferente do caminho mais difícil tanto do ponto de vista da vibração quanto da percepção, ele está onde você estiver quando decidir entrar nele.

O caos e a desordem que parecem caracterizar o local onde você se encontra quando está no caminho mais difícil mudarão quando você escolher o caminho mais fácil. Como este último leva sua percepção para um nível vibratório compatível com o Desígnio da Harmonia, ele muda sua maneira de perceber o que vê. O caminho mais fácil é uma realidade muito mais bela e harmoniosa, portanto você verá beleza e harmonia refletidas em seu ambiente — o mesmo ambiente que não era tão belo e harmonioso quando visto de dentro do caminho mais difícil. Não fique surpreso se ao entrar no caminho mais fácil as coisas parecerem mais vívidas e brilhantes e até mesmo tiverem um cheiro melhor!

Tenho um primo de quase quarenta anos que passa o dia na frente da TV. Ele foi demitido do emprego há um ano e não está procurando outro. A mãe, com quem ele mora, faz tudo para ele. Ele explora todo mundo e não move uma palha! Ele vive no caminho mais fácil?

Para ter uma resposta a essa pergunta, você precisará perguntar a seu primo! Em minha opinião, se for honesto ele responderá que não. Acho que seu primo está sendo sufocado pela vida, uma condição dolorosa que não costuma ser experimentada no caminho mais fácil.

Embora seja verdade que ele de alguma forma encontrou os meios de ser sustentado e não ter que fazer nada, o que poderia descrever um cenário do caminho mais fácil, a verdadeira medida de estar naquele mundo não é a inatividade, mas a experiência de alegria e realização quando se faz alguma coisa para a qual se foi inspirado e energizado. Imagino que esse não seja o caso do seu primo. Poucos seres humanos se sentiriam verdadeiramente confortáveis por muito tempo em uma situação como a que você descreveu.

Certamente existe nos seres humanos uma tendência para sentirem ressentimento por terem que trabalhar para ganhar a vida, porque ainda temos uma conexão primitiva com o tempo em que tudo nos era dado simplesmente por existirmos — o tempo anterior ao início de nossa aventura no caminho mais difícil. Talvez seu primo esteja sentindo isso. Mas não acho que ele esteja vivendo no caminho mais fácil.

Receber tudo de bandeja sem necessidade de fazer qualquer esforço ainda é uma opção viável quando escolhemos o caminho mais fácil, mas isso nunca acontece a custas de outra pessoa — inclusive de nossa própria alma. Em última análise, é improvável que alguém se sinta realizado quando está afundado em um sofá, em frente à televisão!

* * *

Se eu não me esforçar no trabalho, não vou progredir nem receber um aumento — não é preciso trabalhar muito para ser promovido?

Nosso sistema de trabalho e recompensas foi criado no caminho mais difícil — para nos *manter* lá — e coletivamente nos afastamos tanto do caminho mais fácil que já não sabemos mais o que é a verdadeira produtividade. Observe apenas que os indivíduos mais produtivos e bem-sucedidos usam uma economia de movimentos e trabalham com "inteligência" em vez de "esforço". Eles mantêm o contato com a própria genialidade; embora não afirmem que estão seguindo a orientação de seus Espíritos, é o que fazem.

Quanto ao ganho material, as pessoas mais ricas raramente são aquelas que trabalham mais — geralmente são as que gostam do que fazem e se dedicam apaixonadamente e com tenacidade àquela atividade. Elas podem trabalhar muitas horas, e embora possam interpretar essa dedicação como "trabalho árduo", trata-se mais de uma questão de imersão e tempo. Qualquer percepção que tenham de dificuldade provavelmente vem mais da falta de equilíbrio em suas vidas do que do esforço nas atividades que geram dinheiro. É perfeitamente possível — no caminho mais fácil — manter o equilíbrio, fazer aquilo que se ama e ganhar muito dinheiro.

O Ditador do mundo da dificuldade vai mentir para você e lhe dizer que se esforçar, trabalhar muito e fazer coisas pelas quais não se interessa é a melhor maneira de progredir. A verdade é que fazer o que se ama — o que gera alegria — e ficar alinhado com Desígnio da Harmonia e no ritmo do fluxo do Amor traz o verdadeiro sucesso e a realização. Se você não estiver trabalhando em algo que se encaixe nessa descrição, pense na possibilidade de ter seguido os ditames do ego medroso para chegar onde está. O DMD quer vê-lo viver sem felicidade.

Considere a possibilidade de entregar a questão ao caminho mais fácil e deixar que seu sábio Ser o leve gradualmente a seu lugar correto no Desígnio da Harmonia e o ajude a manter o equilíbrio. Isso significa que você está sendo guiado para fazer o que for mais gratificante não só para você, mas também para o Todo, pois quando estamos atendendo às necessidades do Todo, sempre somos generosamente recompensados, *tanto quanto permitirmos*.

* * *

Eu não poderia simplesmente roubar um banco e viver no caminho mais fácil?
Não. Definitivamente, o caminho mais fácil não sanciona o assalto a bancos.

O caminho mais fácil tem por base o Desígnio da Harmonia e este trata de amparar o bem-estar geral. Deixar de lado a integridade não é uma atitude apoiada por aquele mundo. Você é automaticamente excluído do caminho mais fácil se for desonesto, desatento, desrespeitoso ou ameaçador, ou se de alguma forma não for íntegro. O alinhamento com o Desígnio da Harmonia nos mantém no caminho mais fácil.

Se no passado você roubou um banco ou cometeu algum crime, certamente agora ainda pode escolher o caminho mais fácil, desde que tenha resolvido dentro de você as questões que o levaram a se afastar tão drasticamente do Desígnio da Harmonia. No entanto, é preciso querer viver de forma íntegra e alinhada com o Desígnio da Harmonia para que o caminho mais fácil se abra para você, caso contrário você não poderá alcançar o nível vibratório daquele mundo.

Eu consigo levar meu marido (amigo, irmão, colega) comigo para o caminho mais fácil se ele não acreditar nisso?
Com certeza. Contudo, você não consegue comandar as percepções dos outros sobre o caminho mais fácil. Se você estiver no canal 1 e ele estiver com você, isso significa que conscientemente ou não ele está lá. Ele não precisa escolher o caminho mais fácil para fazer parte do seu "elenco" naquele mundo. Se ele estiver fazendo parte do seu roteiro enquanto você está no caminho mais fácil, ele também estará lá.

Afinal, um aspecto dele — o Espírito — está sempre no caminho mais fácil, tal como um aspecto seu também está sempre lá. Perceber *aquele* Ser de seu marido ou o ser dele que é influenciado pelo ego é uma questão de ponto de vista e de nível vibratório. Portanto, se você perceber que ele não está ligado no Desígnio da Harmonia — se ele se revelar menos do que um agente do caminho mais fácil —, isso significa que *você mesma* saiu daquele mundo! Se você estiver observando em alguém um comportamento do canal 2 (caminho mais difícil), isso significa que você sintonizou o canal 2 e precisa voltar a escolher o outro canal.

Naturalmente, é muito divertido quando nossos amados aceitam o caminho mais fácil e podemos escolhê-lo juntos e sentir o companheirismo de outras pessoas dispostas a aceitar e viver naquela realidade. Contudo, a chave para ter companhia naquele caminho não tem nada a ver com a escolha alheia, e sim com você mesma estar lá. Então, todo mundo também estará lá. Se não estiver, você saberá que precisa voltar ao caminho mais fácil.

Mais um detalhe pede atenção: compartilhar com outros seu conhecimento do caminho mais fácil pode ser uma coisa muito generosa e apropriada, mas é importante não deixar que isso se transforme em pressão. Basta falar às pessoas sobre ele quando sentir inspiração para isso. Saiba que se for o momento certo eles entenderão a mensagem. Se você comprar este livro para eles, não os obrigue a lê-lo; acredite que o Espírito deles fará com que eles leiam o livro na hora mais adequada!

Com a crise econômica ainda é possível viver no caminho mais fácil?
Não só é possível como lá é o lugar certo para estar! Naquele universo, jamais existe crise, econômica ou não. A crise é uma criação do ego medroso. O Ditador do mundo da dificuldade adora uma crise e aproveita toda chance para nos colocar nesse clima que é um alimento saboroso para o ego medroso. Quanto mais envolvido você estiver com uma ideia específica do caminho mais difícil e acreditar nos bordões do DMD sobre aquela ideia ("os tempos estão difíceis"; "não há emprego suficiente para todos"; "o mercado de ações está despencando"; "nosso dinheiro está acabando"; "essa é uma época terrível"), mais verdadeira ela parecerá.

Essas ideias podem ser verdadeiras no caminho mais fácil, mas não são nada válidas no outro caminho. Como já falei muitas vezes, as regras de um caminho não se aplicam ao outro. O que estiver acontecendo no caminho mais difícil não tem nada a ver com a previsão perfeita e constante do caminho mais fácil, onde sempre existe exatamente o suficiente de tudo para todos. Lá jamais existe qualquer tipo de escassez.

As condições no caminho mais fácil sempre apoiam seu bem-estar, portanto não fique assustado quando o DMD começar a aplicar táticas de intimidação. Basta usá-las como sinais de que deve mudar para o caminho mais fácil e receber as bênçãos infinitas e a mágica diária que se pode encontrar lá.

Estou às voltas com um processo. O caminho mais fácil atua nesse caso?
O caminho mais fácil atua em todas as situações. Em geral, o âmbito das questões legais não favorece a permanência no caminho mais fácil porque se baseia em princípios dualistas que não são apoiados por esse mundo. No entanto, isso não significa que soluções simples e harmoniosas para essas questões não possam ser encontradas no caminho mais fácil. Significa apenas que você vai precisar se elevar acima da tendência do ego para sentir raiva, medo ou crítica, de modo a poder verdadeiramente estar no caminho mais fácil. É sempre assim!

Naturalmente, se o processo em que você está envolvido aconteceu porque você fez alguma coisa contrária à integridade e seu objetivo é evitar assumir a responsabilidade, isso não será apoiado pelo caminho mais fácil, que só favorece integridade e harmonia. Tudo o que não é compatível com a integridade e a harmonia é incompatível com o caminho mais fácil. No entanto, se sua meta é conseguir uma solução justa que propicie o bem-estar de todos os envolvidos, escolher o caminho mais fácil definitivamente é a melhor forma de conduzir uma questão legal, como qualquer tipo de questão.

Ficar à toa e esperar a inspiração não é apenas preguiça?
O conceito de preguiça não existe no caminho mais fácil. Ele só tem relação com o caminho mais difícil. Na verdade, esse conceito é uma armadilha. É mais um dos recursos do ego para nos manter fora do domínio da facilidade. Enquanto você estiver no caminho mais fácil, sintonizado com a orientação de seu Espírito, disposto a agir quando inspirado e energizado, qualquer inação da sua parte é exatamente o necessário de acordo com Desígnio da Harmonia.

"Ficar à toa, esperando inspiração" dificilmente caracteriza o cenário típico do caminho mais fácil. Se ficar à toa é o que você realmente quer fazer e isso lhe dá prazer, ótimo! Fique à toa. Se você estiver fazendo isso por rebeldia ou por qualquer outra razão que não seja o que você quer e está sendo guiado a fazer, então você não está no caminho mais fácil. Agir com resistência (ou por inércia) não é seguir esse caminho.

O cenário mais característico naquele mundo ideal é dedicar-se a atividades de seu interesse — o que você ama fazer ou que simplesmente parece adequado no momento. Quando sentir inspiração para fazer outra coisa, faça o que está inspirado a fazer.

Há momentos em que estou envolvido com um projeto que me causa entusiasmo e eu sinto que estou no caminho mais fácil, mas subitamente sinto resistência a fazer algo que sei que quero fazer. O que é isso?
É apenas um indicador de que ainda não é hora de realizar aquela parte do projeto e de que você precisa se dedicar a outra coisa que queira fazer e para a qual não sinta resistência. Se você sentir resistência a fazer *tudo* o que diz respeito ao projeto, mas ainda se sentir comprometido com ele, é hora de se afastar e fazer algo atraente e que lhe traga satisfação, sabendo que será levado de volta ao projeto quando for a hora certa.

Lembre-se de que no caminho mais fácil só a ação inspirada e energizada está em alinhamento com o Desígnio da Harmonia. E lembre-se de que sua ideia sobre o momento certo de fazer alguma coisa pode não ser condizente com o momento ideal de fazê-la — o momento em coordenação com Desígnio da Harmonia. Quando você acredita que a sua energia e seu interesse indicarão quando fazer e quando não fazer alguma coisa, você entra em coordenação com o Desígnio da Harmonia.

Há muitas coisas que preciso fazer sem ter vontade, mas que se eu não fizer, ninguém fará. Qual a relação disso com o caminho mais fácil?
Para começar, aconselho-o a deixar de lado a descrença e o pensamento limitado. A acreditar que "se eu não fizer, ninguém fará" é o que está *criando* para você essa experiência do caminho mais difícil. Essa é uma das razões pelas quais conhecer o caminho oposto é tão poderoso. Você pode acreditar que "se eu não fizer, ninguém fará" no caminho mais difícil, mas ao mesmo tempo saber que isso não acontece no outro caminho. E lembre-se sempre de que *as regras de um mundo não se aplicam no outro*.

O caminho mais fácil tem todos os tipos de recurso — recursos infinitos — que você não consegue visualizar completamente. Às vezes a união de todos esses recursos em seu benefício parece um milagre; outras vezes, nem tanto. Às vezes aquilo que você não quis fazer simplesmente desaparece e não precisa mais ser feito. Quando você escolhe o caminho mais fácil, pode aparecer inesperadamente alguém para fazer o que você não quer fazer.

Às vezes, o que você não queria fazer se transforma em algo que você gosta, se mudar sua abordagem. Quando resistimos a alguma coisa, aquilo parece difícil, desagradável e pouco gratificante. Quando paramos de resistir e entramos no caminho mais fácil, a tarefa se transforma em alegria.

Seja qual for o caso, sempre que você estiver fazendo algo que não queira fazer, isso significa que você está fora do alinhamento com o Desígnio da Harmonia. Quando você se alinha com o Desígnio, tudo muda de tal modo que você só precisa fazer o que lhe agrada. O que não lhe agrada será feito por alguém que goste daquilo.

Alguém que eu amava morreu recentemente. Como posso estar no caminho mais fácil?
Eu sei que à primeira vista isso pode soar cruel, mas se você não estiver no caminho mais fácil por qualquer razão, inclusive a perda de um ente querido, é porque escolheu, talvez de forma inconsciente, ficar no caminho mais difícil. É claro que essa escolha é condicionada pelos impulsos de seu ego medroso e do ego medroso de outros. Na sociedade moderna parte-se do princípio de que quando alguém que amamos se vai, se você já não estiver no caminho mais difícil, irá imediatamente para lá.

Quando alguém relacionado a nós morre, isso fornece ao ego medroso uma grande quantidade de razões para se fechar. Esse ego definitivamente gosta de abandono, e quando alguém importante para nós se vai, essa pessoa aciona o botão do abandono. Para aquele aspecto de nós que é alimentado pelo cérebro reptiliano dominado pela necessidade de sobrevivência, o sentimento de abandono equivale a aniquilação garantida.

E ainda existem as mensagens sobre perda. O DMD lhe dirá que por causa da perda daquela pessoa você nunca mais terá o tipo de amor que tinha com ela. Apesar de ser verdade que seu relacionamento com aquele indivíduo era único, o amor que você experimentou com ele não era inimitável — a não ser que você não se permita senti-lo novamente. O Amor vem da Fonte, não vem de outra pessoa. Só podemos deixar de sentir amor se o ego medroso usar a perda como mais uma razão para resistir ao fluxo do Amor. É vital que você deixe o Amor fluir novamente, porque é assim que saímos do caminho mais difícil e entramos no caminho mais fácil.

O marido de uma amiga minha muito espiritualizada morreu subitamente na presença dela, vítima de um ataque cardíaco fulminante. Embora a morte dele tenha sido um choque, a experiência que ela teve do acontecimento foi transcendental e cheia de amor. Isso lhe permitiu passar pelos dias seguintes e foi de grande ajuda para que ela pudesse lidar com relativa facilidade com os planos e a logística envolvidos em uma situação como essa. Durante todo o processo ela sentia o apoio e a presença dele e passava por todo tipo de situações mágicas.

No entanto, quando as pessoas a seu redor começaram a lhe dizer que ela deveria estar triste e a insinuar que ela estava desrespeitando o marido por não ter ficado mais infeliz, ela finalmente se rendeu ao DMD. Quando isso aconteceu, minha amiga parou de sentir a maravilhosa sensação da presença e da proximidade do marido e tudo ficou difícil até que ela voltou à luz brilhante do caminho mais fácil.

Acho que é importante reconhecer que você não está desrespeitando a pessoa amada que morreu se optar por sair do caminho mais difícil e escolher o caminho mais fácil. Na verdade, você estará mostrando respeito por ela. Afinal, junto com o corpo, ela abandonou o ego e já não está mais no caminho da dificuldade! Você terá muito mais possibilidade de experimentar uma conexão com seus amados que já se foram se transcender o próprio ego e escolher o caminho mais fácil. Aqui está uma ideia sobre a qual refletir: e se você puder ter a experiência de proximidade pela qual anseia, mas estiver preso no caminho mais difícil?

Por favor, não cometa o erro de pensar que contei aquela história sobre a experiência da minha amiga para dizer que você não deve ficar triste ou que deve abster-se do sentimento de luto. Só quero que saiba que além de ser possível ver a morte de uma pessoa amada sem mergulhar imediatamente no caminho amis difícil, também é possível, se você quiser, deixar-se passar para um nível vibratório mais alto e ficar no caminho mais fácil, mesmo no meio de uma transição como essa.

É claro que em algum momento seu ego medroso precisará se expressar. Sentir tristeza em uma transição é uma parte normal da condição de ser humano dotado de ego. No entanto, aferrar-se à tristeza em vez de superá--la só manterá você indefinidamente no caminho mais difícil. Garanto que o seu ente querido não gostaria disso!

Caminho mais fácil ou mais difícil: a escolha é sempre sua, mesmo quando você está convencido do contrário.

Tenho uma doença terminal. Como posso estar no caminho mais fácil?
Quanto alguém fica agudamente consciente de que a vida que conhece está chegando ao fim, esse conhecimento estimula o ego medroso. Lembre-se de que quem mais influencia esse ego é o cérebro reptiliano, a parte de nós que cuida da sobrevivência física. A morte iminente é o que faz soar mais alto o alarme e nos faz entrar no modo de resistência. Como sempre, porém, você pode escolher em que mundo vai ficar.

Em uma situação como essa, muitas pessoas relatam que estar diante da mais drástica de todas as transições lhes permite deixar de lado a resistência do ego e abraçar o Espírito como nunca fizeram antes. Quando você entende completamente que nem sua mente lógica nem seu ego medroso podem salvá-lo, você pode muito bem ser motivado a se voltar para seu Ser transcendental, entregando-se à orientação dele. Além de termos um mecanismo de sobrevivência física, nós, seres humanos, temos o instinto de buscar nosso poder mais elevado quando estamos desesperados!

A declaração de que uma doença é terminal tem por base uma visão limitada do que é possível, calcada no caminho mais difícil; essa visão exclui o poder miraculoso de resolver problemas, característico do caminho mais fácil. Quando seguimos adiante e nos entregamos a nosso Espírito, escolhendo o caminho mais fácil, passamos ao âmbito do Desígnio da Harmonia e nos tornamos objeto de suas forças curativas e harmonizadoras. Quer isso nos leve a uma cura *física* e um prolongamento da vida, quer não, a alegria de estar em alinhamento com o Espírito, fluindo com o momento e confiando no processo, certamente é preferível à dor da resistência e do medo.

Mesmo que a passagem dessa realidade física para uma realidade nova seja o próximo passo em sua cura, o simples fato de estar no caminho mais fácil para promover essa transição significa que sua experiência será muito mais fácil. Em vez de ser uma experiência torturante como acontece quando continuamos a resistir, essa transição pode ser um êxtase.

Tenho filhos; como posso permanecer no caminho mais fácil e não me preocupar?
Existe uma faceta especial do programa do cérebro reptiliano orientado para a sobrevivência que alimenta esse instinto, porque trata de garantir que você proteja seus filhos. Isso faz parte do projeto do ser humano. Mas essa mesma faceta ativa seu ego medroso em torno dessa questão e alimenta a atividade de preocupação que é própria do caminho mais difícil. E preocupação é preocupação, seja qual for seu objeto.

Preocupar-se é acreditar exatamente naquilo que você não quer que aconteça. É canalizar sua força vital e seu poder criativo para a manutenção de um holograma promovido pelo ego medroso para nos manter presos no caminho mais difícil. Aquilo em que você focaliza cresce em sua experiência na razão direta da quantidade de energia que você está aplicando. Quando se preocupa, você constrói cenários que não quer ver tornando-se reais, dando-lhes poder por meio de seu pensamento sobre eles e alimentando-os com sua paixão.

Preocupação é uma situação em que todos perdem. Você pode proteger seus filhos muito melhor se seguir o caminho mais fácil, onde seu bem-estar e o de sua família sempre são sustentados no nível mais alto.

Não acontecem coisas ruins no caminho mais fácil?
Não, não acontecem. Lá só acontecem coisas harmoniosas.

No entanto preciso fazer um comentário sobre o termo "ruim". Esse é um termo de crítica que só o seu ego emprega. Quanto a isso, vale o mesmo para o termo "bom". Às vezes, no nível usual de nossa percepção influenciada pelo ego ocorrem coisas de que não gostamos ou que não entendemos imediatamente. Nós qualificamos tais momentos como "ruins". Quando você está no caminho mais fácil, é capaz de ver harmonia e perfeição em tudo. Lá, não descrevemos os acontecimentos em termos de bom ou mau. Se você estiver usando esses termos, não está no caminho mais fácil, onde tudo é harmonioso e é o que poderíamos considerar "bom" se emitíssemos julgamentos naquele mundo.

Seja qual for o adjetivo que seu ego decida usar, só o que está em alinhamento com Desígnio da Harmonia pode acontecer no caminho mais fácil. Esteja certo de que quase sempre você gostará desses acontecimentos, no caminho mais fácil ou fora dele.

E se eu não merecer o caminho mais fácil?
Isso é impossível. "Merecimento" não tem nada a ver com o caminho mais fácil. Suas *ideias* sobre merecer ou não merecer podem mantê-lo fora daquele universo, mas você é o único porteiro que decide se você merece viver lá ou não. Os conceitos de "merecedor" e "indigno" e os conceitos paralelos de "merecer" e "não merecer" são criados e mantidos pelo ego medroso para mantê-lo em uma frequência vibratória baixa. São julgamentos, e só o ego julga.

O DMD usa o mito do merecimento/não merecimento como outro recurso para mantê-lo no caminho mais difícil, o domínio dele. Apenas para tranquilizá-lo, vou lhe dizer que seja o que for que você tenha feito ou quem quer que seja, pelo simples fato de existir você tem o direito de receber todas as bênçãos do Criador.

Ninguém — e quero dizer *ninguém mesmo*, seja o que for que tenha feito — é excluído do caminho mais fácil a não ser pelo próprio ego. Esse mundo é uma realidade em que todos têm oportunidades iguais. Quando você transcender a voz condenatória e crítica do DMD e entrar no caminho mais fácil, entenderá isso. Lá esse fato é absolutamente claro.

O caminho mais fácil não é apenas uma ideia curiosa que você teve?
Não. Não sou tão inteligente — pelo menos não no nível de minha consciência humana de todo dia — para ser capaz de inventar algo tão grandioso, dinâmico e surpreendente. O caminho mais fácil existia muito antes que eu estivesse consciente dele, e existirá sempre. Embora o nome que adotei o descreva perfeitamente e também seja bonitinho, um pouco petulante e criado para ser atraente para a consciência humana, eu também não o inventei. Ele me foi fornecido naquele acontecimento que descrevi

no capítulo 1. Não posso dizer com certeza quem plantou esse nome em minha mente... Um anjo? Meu espírito? No entanto certamente ele era um gênio do marketing!

Um dos infinitos aspectos fantásticos do caminho mais fácil é que não faz diferença se você achar que é um conceito elegante, mas duvidar de que se trate de um fenômeno real. Escolher o caminho mais fácil vai funcionar de qualquer maneira. Ele está sempre funcionando para todos, o tempo todo. A questão se resume em saber se você vai relaxar e deixar a mente suficientemente aberta para sintonizar-se com ele. Com certeza, você pode criar inúmeras provas de que ele não é real. Afinal, você e seu ego medroso têm sido magistrais na criação da ilusão do caminho mais difícil durante toda a vida. E é certo que seu ego medroso, ficará feliz em cooperar para perpetuar sua imersão no caminho mais difícil.

Contudo eu gostaria de desafiá-lo a pelo menos temporariamente deixar de lado qualquer dúvida ou descrença que possa estar experimentando com relação ao caminho mais fácil (artifícios do Ditador do mundo da dificuldade, que tenta controlá-lo) e a provar que ele é real. Você não tem absolutamente nada a perder, e tem a ganhar uma vida de mais bem-estar, alegria e todo tipo de coisas desejáveis!

Eu escolho viver no caminho mais fácil,
onde tudo é simples.

11

Aventuras no caminho mais fácil

Ao longo deste livro estão distribuídos relatos de algumas de minhas aventuras pessoais no caminho mais fácil, mas não sou a única a ter histórias de lá. Todos os meus conhecidos que descobriram esse caminho têm histórias sobre sua mágica. Desde que eu o redescobri em 2007, muitas pessoas encontraram a conexão com ele.

Logo depois que tive minha primeira experiência oficial com o caminho mais fácil, conforme contei no capítulo 1, quando ouvi o sussurro divino que me despertou para o poder contido nele, fiz referência a ele em meu blog e também troquei ideias a respeito em um fórum on-line que se tornou popular. Para minha surpresa e encantamento, as pessoas acorreram ao fórum como moscas ao mel, e a fama do caminho mais fácil espalhou-se rapidamente!

Comecei o fórum on-line sobre o caminho mais fácil para que pudéssemos nos apoiar mutuamente na vida naquele caminho, trocar histórias sobre ele e também para que existisse um lugar onde as pessoas pudessem vir aprender a respeito. O caminho mais fácil se revelou um ímã poderoso, e logo tínhamos centenas de participantes. Pouco depois de criar o fórum, percebi que o caminho mais fácil precisava de um site próprio, portanto criei o www.ILiveInEasyWorld.com.

O lançamento do site foi um sucesso. Era tão visitado que eu mal podia acreditar. Eu havia mandado uma mala direta para minha lista, mas tinha muito mais visitantes do que a estatística da mala direta poderia indicar. Então muitas pessoas revelaram que ficaram tão fascinadas com caminho mais fácil que repassaram meu anúncio para todos os membros de suas listas! Isso é o caminho mais fácil em ação.

Até hoje, temos um ingresso contínuo de visitantes de todo o mundo sem investir quase nenhuma energia para atraí-los — a não ser, talvez, a do próprio caminho mais fácil! Ele certamente parece querer se fazer conhecido e não apenas de uns poucos eleitos, mas de todos.

Não são apenas as pessoas com inclinação espiritual que estão no caminho mais fácil. Mesmo indivíduos sem orientação metafísica, sem consciência de que criam a própria realidade e sem percepção da possibilidade de realidades paralelas experimentaram momentos de revelação quando ouviram o termo "caminho mais fácil".

Faz sentido que esse mundo seja universalmente reconhecido e aceito — afinal, ele é a morada original da humanidade. Tal como escreveu um participante do fórum, "*todos* entendem o caminho mais fácil — se as pessoas fossem cachorros, levantariam as orelhas quando ouvissem essas palavras!"

De fato, além de ter seguidores do site, do fórum de discussão e de minhas palestras, o caminho mais fácil encontra ressonância em todos aqueles com quem tenho contato diariamente. Uma operadora de telemarketing que ligou para minha casa acabou por me bombardear com perguntas sobre o caminho mais fácil em vez de me dizer o que estava vendendo! Por fim ela me agradeceu muito por lhe falar sobre aquilo, exclamando que a ligação para meu número devia ter sido obra do destino!

Sempre que uso minha camiseta do caminho mais fácil quando saio para resolver meus assuntos, as pessoas me abordam e perguntam sobre ele. Elas ficam extremamente animadas quando dou minha explicação rápida: "A vida não foi feita para ser difícil — nós *tornamos* a vida difícil. Contudo, podemos escolher viver no caminho mais fácil, onde tudo é simples!"

Relatórios de campo do caminho mais fácil

Imediatamente depois de seu advento, o fórum do caminho mais fácil começou a atrair uma grande quantidade de relatos de experiências individuais com aquele mundo. Foi muito gratificante para mim e inspirador para todos ver como a escolha do caminho mais fácil estava atuando sobre a vida de outros. Os relatórios, cobrindo todas as facetas da vida, nos ajudaram a permanecer naquele mundo ideal e compreender o escopo das infinitas possibilidades de transformação de nossas vidas.

Uma alcoólatra que estava abandonando o vício relatou que o caminho mais fácil a ajudava a permanecer sóbria. Uma paciente de câncer em processo de remissão disse que o caminho mais fácil a ajudou a parar de se preocupar com uma recaída. A filha de uma "mãe muito negativa" disse que o caminho mais fácil mudou o relacionamento das duas. Uma professora disse que ficar no caminho mais fácil transformou num prazer a tarefa de corrigir provas que ela sempre detestara. Um homem que estivera tentando perder peso disse que ficar no caminho mais fácil o ajudou a se livrar de vinte quilos.

Uma mulher contou que o piloto do aquecedor da casa dela apagou em um dia frio de inverno e ela não conseguiu religá-lo. Ela invocou o caminho mais fácil, e antes que pudesse chamar alguém, apareceu um amigo que conseguiu resolver o problema. Uma secretária disse que seu patrão perdeu a bagagem e ela estava desesperadamente tentando localizá-la quando se lembrou de escolher o caminho mais fácil. Em seguida, ele telefonou para avisar que ela poderia parar de procurar, pois ele havia encontrado a bagagem. Outra frequentadora do fórum ficou maravilhada ao descobrir que o problema da bateria descarregada do carro dela foi resolvido assim que ela escolheu o caminho mais fácil. O parceiro dela, que normalmente não cuidava dessas coisas, foi inspirado a substituir a bateria enquanto ela estava no trabalho. Ela ficou tão maravilhada com a mudança de atitude do parceiro quanto com o fato de não precisar mais resolver o problema!

Escolher o caminho mais fácil mudou profundamente a vida de uma mãe solteira, de acordo com a primeira mensagem entusiasmada que ela mandou. Ela estava desempregada, completamente estressada e não sabia como pagar as contas; por necessidade de dinheiro, estava pensando em aceitar um emprego que sabia que ia odiar. Partindo dessa condição, ela viu cair em seu colo o emprego dos seus sonhos. O novo empregador atuava justamente na área em que ela há muito tempo tentava trabalhar. O escritório estava localizado a algumas quadras da casa dela, e o emprego oferecia flexibilidade de horário e o salário era mais alto do que o esperado!

Um rapaz escreveu que ele e a noiva queriam comprar uma casa, mas não tinham dinheiro para a entrada. Eles encontraram em um anúncio de jornal a casa ideal e estavam tristes por não poder comprá-la, mas decidiram vê-la mesmo assim. Como estavam à procura de uma casa para alugar, resolveram invocar o caminho mais fácil antes de sair e descobriram, maravilhados, que o proprietário da casa dos sonhos deles estava disposto a fazer um contrato de aluguel como entrada para a compra. Eles se mudaram para lá em seguida.

Dois dos temas mais frequentemente mencionados por participantes do fórum são o fato de não precisarem mais esperar um longo tempo em filas ou lidar com problemas de trânsito quando escolhem o caminho mais fácil. No entanto, certa vez, um frequentador habitual foi obrigado a esperar na fila por uma mesa no restaurante; tendo acabado de rezar por companhia, enquanto esperava começou a conversar com um estranho simpático. Eles tiveram um agradável almoço juntos e trocaram histórias inspiradoras, despedindo-se como novos amigos.

Vários amigos do caminho mais fácil relatam que conseguiram convencer parentes a se reunirem a eles naquele mundo. Uma mulher conta que o marido estava tendo sucessivos problemas com defeitos no carro; quando ela o convidou para o caminho mais fácil, ele não aceitou o convite, insistindo que o problema simplesmente não era fácil. Então, ela entregou completamente a questão. Na manhã seguinte, ele disse que tinha resolvido o defeito sem dificuldade. Quando ela perguntou o porquê desse sucesso repentino, ele declarou: "Porque estou no caminho mais fácil!"

Um cavalheiro nos contou que a esposa lhe telefonou no meio de uma crise de nervos enquanto fazia compras em uma promoção de uma grande loja de departamentos. Ela chorava copiosamente e ele não sabia o que fazer. Então ele se lembrou de lhe falar sobre o caminho mais fácil e conseguiu que ela invocasse esse caminho e praticasse as ações viver nesse mundo. Ele conta que ela saiu imediatamente da crise, acalmou-se e continuou a fazer as compras sem problemas, voltando para casa no melhor dos humores. Maravilhado, ele acrescenta: "Em geral, ela não aceita essas coisas de autoajuda de que gosto, mas o caminho mais fácil realmente fechou com ela."

Foi especialmente gratificante ouvir como as crianças estão adotando o caminho mais fácil. Uma jovem mãe disse que seus filhos criaram um jogo e se tornaram especialistas em pegar os membros da família que está fora do caminho mais fácil e lembrá-los de voltar para lá. (Só posso imaginar como os DMDs dos pais adoraram isso!) Em outra mensagem, um grupo de crianças compôs uma música sobre o caminho mais fácil, e agora a família toda canta a canção. Na verdade, várias pessoas mandaram canções que compuseram sobre esse tema!

Ler diariamente no fórum[5] essas confirmações da eficácia e da atração universal exercida por aquele mundo definitivamente é animador. A energia era contagiosa, e era fantástico ver como a ideia estava se espalhando rapidamente. Gostei principalmente de ver que quase todas as mensagens eram iniciadas ou encerradas pela expressão "adoro o caminho mais fácil!".

Ficou claro para mim que o conceito do caminho mais fácil não era fogo de palha ou apenas para uma minoria, mais uma ideia destinada a crescer.

Mais aventuras no caminho mais fácil

Como sou escritora e instrutora espiritual, naturalmente comecei a pensar em escrever um livro sobre o caminho mais fácil. À medida que começaram a chegar solicitações de pessoas interessadas em ler tal livro, decidi torná-lo minha prioridade. Mesmo antes de começar planejá-lo, sabia que desejava incluir histórias de aventuras de outras pessoas naquele mundo, além das minhas, portanto pedi contribuições. Quando comecei a recebê-las, fiquei encantada ao ver a variedade de experiências

---

[5] O fórum original já não existe mais, porém você pode encontrar um link para o fórum atual no endereço www.ILiveInEasyWorld.com [em inglês].

que essas histórias cobrem e como mostram claramente a mágica daquele mundo.

Você perceberá que a maioria das histórias trata de acontecimentos recentes. Acredito que o fato de os colaboradores não terem precisado procurar muito longe por um exemplo atesta claramente a qualidade da vida no caminho mais fácil! Muitos dos colaboradores afirmam que puderam escolher entre diversas histórias e que foi um desafio selecionar apenas uma para publicar. Essa é a natureza de se escolher o caminho mais fácil. A mágica é constante!

E agora, as histórias...

Provavelmente você gostará de contar essa primeira história para seu filho. Na verdade, todos têm algo a aprender com o jovem Mack; ele e sua mãe maravilhosa são realmente cidadãos do caminho mais fácil. Diante da necessidade de escolher um item de sua lista de desejos, ele se recusou a aceitar menos do que todos. E conseguiu tudo o que desejava — no caminho mais fácil!

COMO TER TUDO NO CAMINHO MAIS FÁCIL

De Marcy Koltun-Crilley ("Marcy from Maui") (www.marcyfrommaui.com)

O dia do aniversário de meu filho Mack estava chegando e ele queria vários presentes caros. Sua lista incluía um *freeboard* (um tipo de skate), uma *skimmer* nova (uma prancha de surfe para manobras na crista das ondas) e uma grande festa na praia. Ele também estava na esperança de ter na família mais um *Wavesky* (uma mistura de prancha de surfe com caiaque) para que ele pudesse sair comigo quando eu levasse o meu para a praia.

Em circunstâncias normais tudo isso custaria mais do que US$ 2.000,00. Tirando a festa, esses presentes não podiam ser encontrados com facilidade em Maui, onde vivemos. (O tipo de *skimmer* que ele queria não é vendido aqui, tampouco é fácil encontrar *freeboards* ou *Waveskys*) Sendo assim, disse a ele que daria a festa e mais US$200,00 para ele gastar como quisesse.

Ele não conseguiu tomar uma decisão, porque queria demais *aquilo tudo*, mas concordamos em relaxar, deixar as coisas acontecerem e permanecer no caminho mais fácil.

No dia seguinte, Mack recebeu uma ligação de um amigo que é patrocinado pela fabricante do *skimmer*. Eles disseram que em troca de patrocínio lhe forneceriam um *skimmer* pela metade do preço, sem pagamento de frete, e deixariam que ele o trocasse à medida que fosse crescendo. (Ele ficou muito entusiasmado com a proposta, porque ser patrocinado por uma empresa de artigos para esportes aquáticos era outro item da sua lista de desejos!) O *skimmer* custaria US$200,00!

Fizemos a festa e ele ganhou de presente US$275,00 em dinheiro.

Então ele encontrou na internet um *freeboard* por US$250,00 com frete incluído e encomendou o skate.

Em seguida, ele encontrou nos anúncios gratuitos do site de classificados Craiglist um novo *freeboard* no estilo que ele queria, com todos os acessórios, por apenas US$175,00, mas já havia encomendado o outro. Ele estava começando a se sentir mal porque teria sido melhor ter o modelo desejado e mais a diferença do dinheiro, mas nós conversamos e mais uma vez ele concordou em relaxar, deixar as coisas acontecerem e permitir que o caminho mais fácil cuidasse do problema.

No dia seguinte, recebemos um telefonema da loja do *freeboard*. Eles ainda não haviam mandado o skate por um problema no frete. Dessa forma, conseguimos cancelar o pedido. Como o outro skate era da região, foi entregue à noite. Na verdade, fomos buscá-lo a alguns minutos de distância de casa!

Finalmente, no mesmo dia encontrei um *Wavesky* nos classificados gratuitos. A mulher que anunciou estava vendendo o artigo por apenas US$90,00. Ela também vivia a alguns minutos de distância de nós. Quando fomos vê-lo, era exatamente o que queríamos e não só ia servir perfeitamente para meu filho, mas também podia ser estendido à medida que ele crescesse!

Assim, em uma semana meu filho conseguiu tudo o que queria, no caminho mais fácil, é claro.

* * *

A próxima história, contada por um polonês jovem e aventureiro em residência temporária nos Estados Unidos, ilustra o poder de se escolher o caminho mais fácil e seguir em frente acreditando piamente que tudo será resolvido, mesmo quando não é óbvia a maneira pela qual isso acontecerá. Ela também mostra o poder de simplesmente apreciar o caminho mais fácil. Acho que você vai concordar que dificilmente as coisas poderiam ter sido mais favoráveis para ele!

A SORTE ESTÁ SEMPRE A SEU FAVOR NO CAMINHO MAIS FÁCIL

De Maciek Wronski (maciek.wronski@yahoo.com)

Sexta-feira passada fui à Filadélfia para prorrogar o meu visto de permanência. Um amigo me deu uma carona até a cidade, mas não podia me levar de volta. O escritório aonde eu devia ir é... bem... nem sei direito onde fica! Portanto, comecei a ficar preocupado com a volta para casa. Para começar, vivo a uma hora de viagem da Filadélfia; além disso, não conheço nada da cidade.

Então eu disse: "Eu escolho viver no caminho mais fácil, onde tudo é simples." Repeti essa frase algumas vezes no caminho para a Filadélfia, não porque ainda estivesse preocupado, mas porque repeti-la me dava uma sensação de bem-estar!

Quando cheguei ao escritório que concede os vistos, perguntei qual a melhor maneira de voltar para casa. Eles me disseram que *um ônibus partia da porta do escritório e ia até meu bairro*! Pensei "Nossa, nem acredito!" Qual é a probabilidade de acontecer uma coisa dessas?

No entanto eles disseram que o próximo ônibus só saía dali a três horas e meia. O que eu podia fazer enquanto esperava? Pensei: "OK, não tem problema. Acho que vão ser três horas e meia muito agradáveis." Você pode imaginar o que aconteceu — foram as melhores três horas e meia *da minha vida*!

Primeiro, tive uma conversa muito interessante com alguns funcionários do escritório. Depois fui dar uma volta e encontrei uma igreja polonesa. Eu era a única pessoa lá dentro, portanto o lugar estava muito silencioso. Adorei examinar os belos vitrais representando a história de santos que viveram na Polônia. O tempo passou muito depressa. Foi muito legal.

E sabe o que mais? Esse não foi o fim da história. Quando comprei a passagem do ônibus, eles me disseram que ele ia até um cassino em Atlantic City, onde moro, e que o cassino devolveria o valor da passagem! Dá para acreditar? Paguei US$17,00 pela passagem e o cassino me devolveu US$20,00! Isso é incrível! EU ADORO o caminho mais fácil e sou muito grato por poder viver nele!

Não gostamos de pensar que acontecimentos como os da próxima história ocorrem no caminho mais fácil — ou no caminho mais difícil —, mas quem sabe o motivo pelo qual as coisas acontecem de determinada maneira? Patrícia escolheu o caminho mais fácil, confiou em seu poder miraculoso e teve a experiência de um milagre desse universo!

Como você verá, para alguém que passa por uma experiência traumática, o que aconteceu a ela é mais fácil do que podemos imaginar. E essa história é um excelente lembrete de que devemos sempre escolher o caminho mais fácil antes de dirigir.

O CAMINHO MAIS FÁCIL SALVA VIDAS

De Patrícia Russell (www.pmrussell.com)

Desde que comecei a seguir os princípios básicos de viver no caminho mais fácil, tudo ficou mais simples — até as coisas que à primeira vista não parecem nada fáceis. No fim de semana passado, meu marido e eu estávamos viajando à noite, por volta das 11 horas, de Saint Louis para nossa casa no sudeste do estado de Indiana. Antes de entrarmos no carro, murmurei uma bênção: "Eu escolho viver no caminho mais fácil, onde tudo é simples e milagres acontecem."

Era uma noite bonita de outono. Estávamos felizes e atentos para não atropelar um cervo, pois esses animais são muito ativos nessa época do ano. Viajávamos em caravana por uma região rural em uma importante estrada interestadual. Tínhamos o cuidado de manter a velocidade baixa e prestar atenção. Havíamos acabado de sair de um banquete de premiação da empresa onde trabalho, e voltávamos para casa e para junto de nosso filho de 10 anos.

Estávamos no meio do caminho quando tudo aconteceu: em um instante, estávamos dirigindo tranquilamente e no instante seguinte, houve um estrondo. Os *airbags* funcionaram, o carro saiu da estrada e parou. Tudo aconteceu em segundos. A última coisa que vi antes de os *airbags* inflarem foi o focinho de um cervo.

Quando o carro parou, meu marido me perguntou o que tinha acontecido. Ele não viu nada, porque o cervo veio do lado do passageiro, fora do alcance dos faróis. Aparentemente, ele saltou sobre o capô. Meu marido disse que não conseguia imaginar como o carro chegou com tanta facilidade ao acostamento. Saímos do carro para avaliar os danos. O que vimos foi chocante: perda total. A frente estava completamente destruída. O carro era uma massa de metal retorcido.

De alguma maneira, o capô subiu e evitou que o animal caísse dentro da cabine, onde estávamos sentados. Os limpadores de para-brisa ficaram dobrados para dentro até junto de nosso rosto, mas não nos tocaram. O motorista do carro de trás parou no acostamento porque viu a perna de um cervo passar por ele. O impacto foi tão forte que o animal explodiu.

O bom samaritano que parou chamou a emergência para nós e nos levou até um hotel próximo, onde esperamos confortavelmente pela chegada de um parente que veio nos buscar. Segundo o policial que registrou o acidente, era incrível que tivéssemos saído do carro sem ferimentos. Ele disse que já havia visto muitos acidentes causados por cervos e que aquele foi um dos piores. Na maioria dos casos similares, o cervo entra pelo para-brisas e mata os passageiros. Ele nunca vira um capô se abrir como o nosso.

Não tivemos problemas nem com a perda do carro. Estávamos dirigindo um carro de aluguel, e o seguro cobriu tudo. Mais tarde, em casa, pesquisei sobre acidentes causados pelo atropelamento de cervos. Naquela mesma semana aconteceram diversos acidentes fatais. A maioria das mortes aconteceu porque o animal entrou pelo para-brisas. Em todas as fotos que vi, nunca o capô se abriu e protegeu o para-brisas.

 Nós não só saímos do acidente intactos, mas nos tornamos a prova viva de que milagres acontecem. Viver no caminho mais fácil torna *tudo* mais simples!

A próxima história sobre a mágica do caminho mais fácil me faz desejar que todos os pais aprendam a educar os filhos nesse mundo em vez de deixarem que suas preciosas crianças sejam criadas pelo DMD! Observe como essa mãe solteira da Austrália soube lidar com o ferimento do filho na escola. Ela é uma seguidora do caminho mais fácil.

COMO UMA MÃE DO CAMINHO MAIS FÁCIL CUIDA DE UM TRAUMA

De Sandy Lee Jones (www.lovecreateinspire.com)

No desempenho do papel de mãe, descobri que escolher o caminho mais fácil é uma necessidade absoluta.

 No início deste ano fui buscar meu filho, Michael, na pré-escola. Eu estava muito feliz, decididamente no caminho mais fácil, e peguei um ônibus diferente do que costumava pegar e que me deixaria na escola um pouco mais cedo. Imediatamente antes de chegar, recebi um telefonema para me avisar que Michael tinha caído de um brinquedo do playground e estava machucado. Eles queriam que eu fosse imediatamente para lá. Fiquei muito feliz por ter recebido um impulso no sentido de pegar o ônibus mais cedo, pois já estava quase chegando.

 Em vez de ficar preocupada, continuei no caminho mais fácil. Relaxei e acreditei completamente que tudo estava disposto de forma a nos permitir passar por essa experiência sem dificuldade.

 Quando cheguei, vi meu filho sentindo uma dor terrível e chorando descontroladamente, como nunca fizera antes. Ele conseguiu dizer algumas palavras sobre o braço e eu lhe disse que ele ia ficar bem. A professora nos levou com toda gentileza ao consultório do médico da região, onde Michael recebeu muito carinho, adesivos para o braço e um prêmio pela coragem. Ele tomou o remédio que lhe deram, o que normalmente não faria.

Sem carro, tínhamos que enfrentar o desafio de ir a um hospital a meia hora de distância para fazer uma radiografia do braço. Conseguimos um táxi em frente ao consultório médico, dirigido por uma senhora muito gentil, que confirmou para Michael que ele ficaria bem.

Quando chegamos, fomos levados à pediatria do hospital. Seria preciso esperar muitas horas, mas os anjos do caminho mais fácil tomaram as providências para que tivessem um vídeo do programa infantil favorito do meu filho. Assim que começou a ver o vídeo, ele riu e voltou a ser ele mesmo, sem se concentrar na dor. Ele até fez algumas piadas! (Descobri naquele dia que o riso é uma porta de entrada para o caminho mais fácil.)

Fomos fazer a radiografia, e Michael foi incrivelmente paciente enquanto eles faziam chapas de ângulos diferentes. O exame mostrou uma fratura no braço. O médico estava de bom humor e disse que a fratura devia consolidar-se naturalmente. Ele foi contra fazer uma cirurgia em uma criança tão nova.

O braço de Michael foi engessado e colocado em uma tipoia que passava pelo pescoço. Meu filho não gostou muito disso porque não conseguia mover o pescoço, mas logo se acostumou e entendeu que a tipoia estava protegendo o braço. Depois de um dia muito longo, comprei para ele um milk-shake, sua guloseima favorita. Já havia passado muito da hora de dormir e estávamos bem cansados.

Eu não estava certa de ter dinheiro suficiente para pagar um táxi para casa, mais confiei que teria. Chegamos em casa à meia-noite, exaustos, mas ainda no caminho mais fácil. O surpreendente é que sem saber quanto dinheiro eu tinha, o motorista foi inspirado a me dar um desconto e a tarifa acabou sendo exatamente igual ao dinheiro que me restava!

Tenho certeza de que o fato de eu ter escolhido ficar no caminho mais fácil com a crença de que tudo daria certo acalmou meu filho e nos ajudou a passar por essa experiência com o mínimo de estresse. Quando sentimos medo, ansiedade ou preocupação, ou quando consideramos alguma coisa "ruim", perdemos a porta de entrada para o caminho mais fácil.

Essa experiência me ensinou que se em qualquer situação reagirmos com amor, em vez de medo, e se confiarmos que sempre cuidarão de nós, teremos uma vida realmente realizadora, cheia de alegria todos os dias.

A próxima história é puro divertimento no caminho mais fácil, mas não é uma brincadeira. O nível de estresse de Suze ao tentar agradar não é motivo de piada. Veja o exemplo contido nessa história e não tente forçar acontecimentos emocionantes. No caminho mais fácil, só precisamos relaxar e deixar que essas coisas aconteçam.

ENCONTRO COM UMA CELEBRIDADE NO CAMINHO MAIS FÁCIL

De Suze Baez (www.suzebaez.com)

Pouco tempo depois de ter ouvido falar do caminho mais fácil, recebi de surpresa a visita de duas amigas: Tobi, de Las Vegas, e Wendy, do Oregon. Moro na Califórnia, perto de Los Angeles, em um apartamento com vista para a praia, e estou acostumada a receber visitas. Eu estava feliz com a vinda delas e por termos a chance de nos divertirmos e passarmos um tempo "entre garotas". Meu namorado aceitou bem a ideia de manter distância para nos dar espaço.

Eu estava pronta para uma visita agradável, relaxada, não planejada, mas Wendy chegou com uma tremenda programação em vista: estava absolutamente decidida a ver uma celebridade! Tenho 45 anos, passei toda a minha vida no sudeste da Califórnia e nunca encontrei uma celebridade andando por aí. Não sabia muito bem como organizar um encontro com alguém famoso; quer dizer, não existe um diretório onde procurar locais para ver celebridades com hora marcada!

No entanto, Wendy estava totalmente obcecada, portanto peguei o telefone e comecei a fazer ligações. Chamei amigos que eram estilistas de celebridades, mas não tive sorte. Telefonei para todos os conhecidos que pudessem saber de alguma oportunidade para ver alguém famoso, mas não tive sucesso. Até mesmo tentei conseguir ingressos para o programa de variedades *The Tonight Show with Jay Leno*, também sem sucesso. Meu namorado sabia que eu estava ansiosa com a situação, mas disse que o problema era meu!

Contudo, Wendy não aceitou um "não" como resposta. Estava totalmente convencida de que a viagem não estaria completa se ela não visse uma celebridade, e falava sobre isso o tempo todo. A essa altura, eu estava arrancando os cabelos. Minha visão de um fim de semana relaxado entre amigas foi destruída. Minhas amigas iam passar três dias e gastei a maior parte do primeiro dia ao telefone; estava tremendamente estressada, tentando fazer as coisas acontecerem para satisfazê-las. Eu queria tanto que elas tivessem uma temporada fabulosa, inesquecível! Finalmente, quando ficou claro para mim que essa abordagem frenética não estava funcionando, entreguei os pontos.

Quando fui me deitar naquela noite, pensei: "Isso é ridículo! Vivo no caminho mais fácil, onde tudo é simples, e ele vai ter que resolver isso." Na manhã seguinte, imprimi mais alguns lembretes da página iliveineasyworld.com e preguei-os pela casa toda para me lembrar de ficar tranquila. Fiquei repetindo a invocação do caminho mais fácil como se fosse um mantra!

Então entendi que em vez de me concentrar em realizar o desejo de Wendy, precisava apenas planejar o resto da visita para ser a temporada de relaxamento e bem-estar que eu desejava. Portanto, fiz isso.

Naquele dia, fomos a Los Angeles e ao meu instituto favorito de massagem tailandesa; fizemos uma massagem fabulosa pagando US$50,00 por pessoa. Quando saímos, estávamos tão relaxadas quanto macarrão cozido. Estávamos as três em completa bem-aventurança, tanto que Wendy proclamou: "Mesmo que eu não veja uma celebridade, estou feliz.".

Em seguida, fomos à famosa livraria Bodhi Tree, em Melrose, West Hollywood (que não é exatamente o melhor ponto da cidade), e nos divertimos examinando o vasto acervo de livros sobre metafísica. Por fim, decidimos comer, portanto nos sentamos a uma mesa ao ar livre no café ao lado. De repente, vimos a distância o que parecia ser uma multidão aos berros. Quando o som se aproximou, conseguimos escutar claramente um coro de "Paris! *Aqui*, Paris!" e "Você está *demais*, Paris!".

Eram dúzias de paparazzi, girando como um enxame em volta da celebridade favorita de todo mundo, Paris Hilton. Em toda a minha vida nesta parte da Califórnia, nunca antes havia encontrado os paparazzi!

Paris e sua corte passaram a nosso lado, a centímetros de distância, e entraram no café. Eles ficaram lá durante meia hora, sempre acompanhados pelos paparazzi, naturalmente. Ela fazia poses, caras e bocas, aproveitando ao máximo o assédio. Quando o carro dela estacionou, mais ou menos vinte carros o seguiam. Isso foi o máximo em matéria de caça a celebridades de Hollywood, e só precisamos ficar no caminho mais fácil!

Estou certa de que não preciso contar que Wendy estava para lá de emocionada. Nós todas estávamos! Era tão perfeito, engraçado e demonstrativo do poder de deixar o caminho mais fácil conduzir os acontecimentos. Nós rimos sem parar e não conseguíamos parar de dizer "Isso é que é facilidade", como no comercial da Staples, uma loja de móveis de escritório.

Para completar, alguns minutos depois recebi uma ligação do meu namorado; ele disse que tinha conseguido para nós um passeio de helicóptero pelo litoral no dia seguinte, até o sítio de um amigo, onde poderíamos praticar tiro ao alvo móvel. No caminho de volta vimos um bando de mais ou menos cinquenta golfinhos, e o piloto do helicóptero circulou sobre o bando para que pudéssemos observá-los. Foi uma experiência mágica. O passeio foi inesquecível!

É incrível o que acontece quando relaxamos e deixamos o caminho mais fácil cuidar de tudo!

A história de Michelle mostra que uma experiência do caminho mais fácil não precisa ser grandiosa ou surpreendente para nos propiciar uma visão importante ou para comprovar o poder de escolher aquele mundo.

NO CAMINHO MAIS FÁCIL A ESTRADA ESTÁ SEMPRE LIVRE

De Michelle Smith

Outro dia, minha filha e eu dormimos demais e ela perdeu o ônibus escolar. Tive que levá-la de carro para a escola. Nós duas estávamos mal-humoradas e tensas, porque nenhuma das duas funciona bem pela manhã. Encontramos todos os sinais fechados pelo caminho.

Depois de deixá-la na escola, tive que esperar uma eternidade até conseguir uma chance de sair do estacionamento e entrar na estrada principal. Chegando lá, fui imediatamente cercada por vários ônibus escolares lentos, desajeitados e fumacentos. Argh!

Enquanto avançava a passo de tartaruga em direção ao cruzamento, senti que estava ficando cada vez mais irritada e frenética. Em uma inspiração súbita, contive meus sentimentos e gritei (mentalmente) o primeiro pensamento positivo que me veio à cabeça: "Um momento! Vivo no caminho mais fácil, onde tudo flui sem obstáculos!"

Imediatamente os dois ônibus à frente (um diretamente à frente do meu carro e o outro a seu lado) acenderam os indicadores de direção e saíram da estrada principal —um para direita e o outro para a esquerda —, e de repente a estrada estava livre à minha frente!

Uau! Que mensagem notável e inegável!

Acho que você vai achar heroica a história de Jacqueline sobre uma situação de mudança de vida sem dúvida capaz de agitar o ego medroso de qualquer um. Observe que embora o medo estivesse constantemente ameaçando alcançá-la, principalmente quando a situação parecia estar se agravando, ela se limitou a continuar escolhendo o caminho mais fácil.

NOSSO LAR NO CAMINHO MAIS FÁCIL

De Jacqueline Stone (www.Squidoo.com/JacquelineStone)

Depois de uma série de eventos inesperados, inclusive o meu marido sair de casa, a hipoteca de minha casa foi executada. Fiz tudo o que podia para negociar com o agente financeiro, sem sucesso. O imóvel foi retomado e imediatamente leiloado. Fiquei em estado de choque quando o oficial de justiça me disse que tínhamos que desocupar a casa até o dia de Ação de Graças, ou seja, dali a seis dias. Meus dois filhos e eu não tínhamos para onde ir. Subitamente, o caminho mais difícil com todos os seus medos começou a me sufocar.

Felizmente, eu já tinha informação sobre o caminho mais fácil e as técnicas de elevação de frequência. Foi preciso toda a minha força espiritual para aplicá-las e evitar o medo. Respirei fundo inúmeras vezes e entreguei repetidamente a situação a meu espírito. Intensifiquei minha prática diária de expressar gratidão, procurando qualquer coisa pela qual pudesse me sentir grata.

Também focalizei minha atenção e energia em manifestar e irradiar amor, e devo ter declarado minha escolha de viver no caminho mais fácil umas mil vezes por dia! Trazia constantemente à memória a ideia de que o Espírito está sempre cuidando de mim e me guiando na direção correta. Por mais que eu quisesse continuar em minha casa, deixei de lado a resistência e aceitei o que viesse a acontecer.

Por meio de uma série de coincidências inusitadas, descobri que existia uma ação coletiva contra o agente financeiro que executou a hipoteca e acabei diante de um juiz que decidiu pela necessidade de um julgamento para contestar a validade da venda da casa. Isso significava que, fosse qual fosse o resultado, poderíamos continuar na casa pelo menos até o julgamento, daí a um mês. Poderíamos passar os feriados de fim de ano em nossa casa. Foi um alívio!

Pouco antes do julgamento, descobri que meu pedido de assistência legal gratuita não poderia ser processado senão depois da data do julgamento. Miraculosamente, o juiz adiou o julgamento por mais um mês, o que nos deu ainda mais tempo para continuar na casa. Enquanto isso, fiz um depósito para reservar um apartamento. Eu não achava que aquele fosse o melhor lugar para morar, mas pelo menos teríamos onde ficar se fôssemos despejados.

O próximo passo no processo era uma reunião preliminar, ocasião em que o juiz me disse que com base nas provas eu não ia ganhar a causa. Por inúmeras razões, eu sabia que levar o processo adiante não era o caminho certo. Para resumir: estávamos perdendo a casa e teríamos que nos mudar. Normalmente, eu teria um prazo de uma semana para sair, mas o juiz pediu ao advogado para prorrogar o prazo para três semanas. Em vez disso, o advogado conseguiu estendê-lo para um mês! Mais tempo para respirar.

Minha reação à notícia de que íamos definitivamente ter que deixar a casa? Para minha surpresa, me senti livre e poderosa! Parecia certo deixar para trás todos os vestígios da vida anterior. Eu também fui fortemente inspirada a procurar o administrador do apartamento e dizer que não iríamos ocupá-lo, recebendo o depósito de volta. Embora não tivéssemos para onde ir, eu sabia que o apartamento não nos servia.

Apesar de todos os indícios aparentemente mostrarem que as coisas estavam caminhando mal, senti uma estranha confiança de que corriam bem para nós, embora eu não soubesse para onde iríamos.

Durante a semana seguinte continuei a escolher o caminho mais fácil, mas estaria mentindo se dissesse que estava sempre lá. Continuei procurando imóveis para alugar, mas nada aparecia. O que eu podia fazer? Tinha que pensar em meus filhos.

Contudo, alguma coisa dentro de mim continuava a me dizer que tudo estava bem e só era preciso ter confiança. Com apenas mais uma semana de prazo para a mudança, ainda sem ter um lugar, eu estava ficando mais preocupada a cada dia, achando cada vez mais difícil permanecer no caminho mais fácil.

Finalmente, prestes a ficar totalmente exausta de tanto tentar resistir ao medo, rendi-me *completamente* ao Espírito. Simplesmente baixei a guarda e disse: "Confio que você vai cuidar disso."

Menos de uma hora depois, sem aviso prévio, recebi um telefonema de um homem que frequenta a mesma igreja que eu. Ele ouviu falar de nosso problema, e ele e a mulher queriam alugar a casa deles para nós, por um preço que podíamos pagar! Eles haviam comprado uma casa nova e precisavam de alguém de confiança para morar na casa antiga. Surpreendente.

Subitamente, tínhamos um lugar para ir, tão agradável quanto a casa que estávamos deixando. Meus filhos podiam continuar na mesma escola, e para completar estávamos ajudando aquelas pessoas. Uma situação do caminho mais fácil, onde todos ganham! E todas aquelas prorrogações nos procedimentos do julgamento? Se tivéssemos sido obrigados a encontrar um lugar em um prazo mais curto, a casa que estava sendo oferecida ainda não estaria disponível!

Que bênção começar de novo no caminho mais fácil! Agora, não só as necessidades de minha família estão satisfeitas, como as necessidades de pessoas que eu nem conhecia também são atendidas. Viver no caminho mais fácil não favorece apenas nossa paz, alegria e harmonia. Isso realmente ajuda a todos a nosso redor. A escolha de viver no caminho mais fácil e confiar no Espírito, por mais negativa que pareça a situação, realmente muda *tudo*.

Agora é sua vez. Estou certa de que logo você terá muitas histórias do caminho mais fácil para contar. Sei que ficarei encantada em poder lê-las!

**Eu escolho viver no caminho mais fácil,
onde tudo é simples.**

12

O planeta da facilidade

Agora você sabe que se tiver decidido adotar o caminho mais fácil, sua vida será transformada e você terá mais amor, alegria, conforto, paz, realização e prosperidade. O efeito de tudo isso sobre sua experiência e o encaminhamento que dará à sua existência realmente desafiam a imaginação! As possibilidades de experimentar bênçãos em todos os aspectos da vida apenas por escolher o caminho mais fácil são infinitas.

Também é emocionante pensar que não só a sua vida vai ser transformada, mas que também são infinitas as possibilidades de transformar *muito mais* do que sua própria experiência pessoal. Imagine como as vidas de todos a seu redor — amigos, família, colegas de trabalho e quem mais cruzar seu caminho — serão afetadas porque você decidiu escolher o caminho mais fácil, relaxar e entrar em alinhamento com o Desígnio da Harmonia.

Apenas poder ser mais tranquilo, paciente, eficiente, genuinamente confiante e menos controlador, como é possível ficar quando se está no caminho mais fácil, fará uma grande diferença na sua interação com os outros. Isso, por sua vez, terá um efeito sobre as interações deles com terceiros, e assim por diante. O simples fato de ver em seu rosto um sorriso inspirado pelo caminho mais fácil, em vez de uma careta induzida pelo caminho oposto, ou de ouvir palavras gentis que você pronuncia em vez de dizer as palavras que o DMD gostaria de obrigá-lo a pronunciar pode causar uma virada no dia de alguém.

E se a sua escolha do caminho mais fácil e sua interação com alguém enquanto esta lá representar para essas pessoas a possibilidade de ficarem mais relaxadas e centradas? E se os filhos vulneráveis e impressionáveis daquelas pessoas forem cuidados por pais mais relaxados e pacientes, em vez de frustrados e irritados, simplesmente porque você deu o tom quando escolheu o caminho mais fácil? Estou certa de que você pode imaginar o impacto que isso pode causar.

E se o amor que você irradia quando está no caminho mais fácil tornar alguém também mais amoroso? E se a sua serenidade provocar em alguém um estado de mais paz, de modo que ele ou ela não se entregue a agressividade no trânsito ou a alguma outra sedução do Ditador do mundo da dificuldade? E se seu convite silencioso para o caminho mais fácil permitir que alguém encontre a solução para um problema que de outra forma poderia não ser resolvido? E se a sabedoria espiritual que você experimenta naquele mundo lhe permitir ajudar mais alguém a ver essa verdade? E assim por diante...

O poder do efeito cascata garante que não haja limite para a influência que você exerce. E isso também vale para quando você está no caminho mais difícil. Nesse caso, sua influência reforça o domínio do Ditador desse mundo. Não estou dizendo isso para deixá-lo culpado, apenas para torná-lo consciente de seu poder e para ressaltar a importância de escolher o caminho mais fácil. Quando você está lá, simplesmente por estar lá suas possibilidades de ajudar os outros a experimentarem mais conforto e alegria são infinitas.

Agora pense no seguinte: e se o fato de observar as mudanças maravilhosas que lhe acontecem quando adota uma vida no caminho mais fácil e de testemunhar os resultados miraculosos de sua opção por deixar que esse universo cuide das questões inspirar pelo menos uma pessoa a também criar uma vida lá? Imagine a influência que isso terá sobre todos os que interagem com essa pessoa e sobre todos os que interagem com esses últimos e assim por diante! É impossível saber até onde a repercussão disso pode ir.

Imagine um planeta em que apenas 1% dos quase sete milhões de habitantes tenha decidido escolher uma vida no caminho mais fácil. Além das formas práticas de disseminação desse caminho que já consideramos, precisamos levar em conta o aumento exponencial no poder magnético dessa escolha quando ela é amplificada por um número cada vez maior de seres humanos. Esse poder magnético atrai as pessoas para o caminho mais fácil mesmo que elas não tenham contato direto com ninguém que já esteja operando naquele domínio. Com isso, a sua capacidade de transformar o planeta graças a essa escolha se torna incomensuravelmente grande. E *fácil!*

Portanto, que diferença se produzirá quando aquele número de indivíduos estiver conscientemente alinhado com o Desígnio da Harmonia? O que acontecerá quando tantos cidadãos da Terra estiverem deliberadamente relaxando e aceitando? Que tipo de energia isso irá liberar? Em que medida isso vai melhorar as condições de toda a humanidade? Que tipo de impacto terão as ondas de choque causadas por esse alinhamento?

Ora, o quociente de felicidade do planeta Terra com certeza vai se projetar para a estratosfera, juntamente com tudo o mais que sonhamos para humanidade — paz, prosperidade, tudo! A prosperidade é um efeito natural da escolha do caminho mais fácil, já que ele é o lugar onde todas as necessidades e desejos são supridos sem qualquer esforço. A facilidade sempre traz a alegria, e com a facilidade e a alegria vem a paz.

Todos falamos sobre a paz mundial e achamos que essa é uma boa ideia, mas não é possível concretizá-la até que o número suficiente de indivíduos tenha escolhido o caminho mais fácil e esteja experimentando a alegria de viver lá. O DMD não tem qualquer interesse na paz, porque isso o priva de uma de suas principais ferramentas para nos manter no caminho mais difícil. Perturbação e atrito são fatores importantes para o domínio dele!

De fato, o caminho mais fácil é a única realidade em que se encontra paz e alegria. A paz não é uma característica do caminho mais fácil e ponto final. A alegria é um pré-requisito da paz e também não é uma característica do caminho mais difícil. Alguma vez você ouviu falar de alguém que fez uma coisa destrutiva ou violenta porque tinha uma vida tranquila e harmoniosa e era autenticamente feliz? Alguma vez você soube de alguém que agrediu fisicamente o cônjuge porque estava num estado de bem-aventurança? Ou que começou uma guerra porque estava feliz e realizado?

À medida que um número cada vez maior de indivíduos escolher o caminho mais fácil, a paz mundial se transformará em realidade — não porque as pessoas tenham resolvido se reunir e decidir que essa é uma boa ideia, promulgando leis sobre a paz, mas porque quando a incorporamos nós a promovemos para os outros de forma natural e sem qualquer esforço! É um belo sistema; quando voltamos ao caminho mais fácil, automaticamente abrimos a porta para que outros façam o mesmo.

Para contribuir para a transformação da vida no planeta Terra você só precisa permanecer no caminho mais fácil. Com isso você presta o maior serviço possível a toda a humanidade e a si mesmo. Qualquer outra coisa que seja inspirado a fazer, por maior que seja, será apenas mais do mesmo.

No entanto, o aspecto mais emocionante de tudo isso é o fato de que quando você *escolhe* o caminho mais fácil, seu mundo *já está* em paz. Ele já está cheio de alegria e prosperidade. Seu mundo já é tudo o que você sonhou. Já está acontecendo. Você só precisa estar lá e experimentar tudo isso. Todo o resto entra nos eixos.

Tudo começa em você e em sua opção pelo caminho mais fácil.

**Eu escolho viver no caminho mais fácil,
onde tudo é simples.**

Agradecimentos

Há muitos anjos do caminho mais fácil a quem devo agradecer por darem forma a este livro e levá-lo a seus leitores, mas os primeiros da fila devem ser o próprio caminho mais fácil e o meu Espírito — meu guia pessoal naquele mundo — que me deram forças para escrever *Escolha o caminho mais fácil* e para fazer de forma suave e eficiente todas as conexões mágicas que tornaram possível esta obra. Muitíssimo obrigada!

Encontrei Lisa Hagan, minha agente literária maravilhosa e apoiadora, quando invoquei o caminho mais fácil e em seguida digitei na janela de busca do Google as expressões *"agente literário"* e *"espírito"*. Lisa foi a primeira da lista de resultados, e isso com certeza não foi coincidência. Além de realizar mágica, encontrando a melhor editora para mim alguns minutos depois de lançar uma consulta para *Escolha o caminho mais fácil*, ela também adotou esse caminho, o que realmente foi uma inspiração. (Algumas vezes ela precisou me lembrar de voltar para o caminho mais fácil!) Muito obrigada, Lisa!

Graças a Lisa, a editora St. Martin's Press entrou no barco e este livro passou a ser capitaneado pela indômita editora Jennifer Enderlin. (Fico feliz por não ter conhecimento prévio da elevada posição de Jennifer no cenário editorial, porque se soubesse teria gaguejado quando ela me telefonou para fazer uma oferta para publicar o livro!) Jennifer captou imediatamente a visão de *Escolha o caminho mais fácil* e passou a lutar por ele, sem ter a menor dúvida sobre o livro, mesmo quando algumas pessoas não o entenderam. Ela é a editora dos meus sonhos e é evidente que o próprio caminho mais fácil a escolheu para o papel de parteira da obra. Não tenho como lhe agradecer o suficiente, Jen, pela confiança, apoio, entusiasmo, paciência, liberdade artística e orientação!

Muito obrigada também a todos os profissionais da St. Martin's Press que me ajudaram a dar forma ao livro e a trazê-lo ao mundo. Um agradecimento especial a Matt Baldacci e Tara Cibelli, do departamento de marketing, e também ao publicitário John Karle por receber *Escolha o caminho mais fácil* com o entusiasmo e se superar para garantir que o livro fosse amplamente divulgado. Agradeço a Sara Goodman por cuidar dos detalhes pequenos, mas importantes e a Mimi Bark, não só por ter feito um projeto de capa brilhante, mas também por ter a paciência de uma santa.

Definitivamente, este livro foi catalisado pelos inúmeros seguidores do caminho mais fácil que participaram dos fóruns, do blog e da página na internet, compartilhando energia, intuições e experiências relacionadas com esse mundo, encorajando-me a continuar a espalhar a notícia da existência dele. Sou grata a todos os "adotantes precoces" (ou devo dizer "retornados precoces"). Agradecimentos extraordinários e a mais profunda apreciação aos colaboradores que enviaram as histórias contadas no capítulo 11.

Quando meu primeiro livro foi publicado, fui censurada por uma de minhas amigas mais antigas por ter deixado de mencionar pessoalmente alguns amigos mais queridos. Não vou tornar a cometer esse erro! Portanto, obrigada, Lily Keyes, Stephanie Gage, Steve Gage, Michelle Rich Goode, Donna Michael e Catherine Jourdan por décadas de amor e apoio e por alimentarem minha modéstia!

Por falar em manter a modéstia, ninguém nos ajuda tanto nesse sentido quanto a nossa família de origem. E também ninguém consegue nos amar tanto. Obrigada a papai, Bob Rogers, que ainda está conosco nos dois mundos; a mamãe, Becky Rogers, quem está conosco em espírito; e a minhas irmãs, Ann Salisbury e Linda Haines, por cumprirem tão bem seu papel! Obrigada pelo apoio constante e incondicional; vocês são a rocha sobre a qual eu edifico.

Minhas queridas enteadas Aubrie, Allison, Wendy-Anne e Claire; vocês sabem o quanto eu as adoro. Vocês me deixam na ponta dos pés e praticando escolher o caminho mais fácil sempre que começo a me preocupar com vocês! Obrigada por seu amor e aceitação. E para não deixar dúvida, *eu realmente gosto de ervilha*!

Por demonstrar como se escolhe o caminho mais fácil quando se encara um dos maiores dramas da vida — a morte de um cônjuge —, obrigada, Brenda Williams, querida amiga de tanto tempo. Por mostrar um exemplo maravilhoso do que é possível quando alguém entende o poder de escolher o caminho mais fácil em meio a convites insistentes do Ditador do mundo da dificuldade, sou especialmente grata a minha querida amiga Jacqueline Stone. Jacqueline, você tem sido um espelho para mim e uma verdadeira inspiração. Sim, *você mesma*!

Obrigada também a Tony Roberts, meu webmaster tão compreensivo; à intuitiva Andrena Keese pelas constantes afirmações pela minha carreira e pelo sucesso deste livro; a Ellen Kennon, pelo apoio constante e entusiasmo por meu trabalho (suas incríveis tintas de pleno espectro são mencionadas no capítulo 9); ao guru do marketing, executivo de televisão e primo por afinidade Glenn Marrichi pelos excelentes conselhos; e a Maurice White, um dos fundadores do Earth, Wind & Fire, por saber há tantas décadas que a música certa pode elevar a vibração do planeta. Maurice, sua genialidade certamente contribuiu para as altas vibrações deste livro!

A pessoa para com quem tenho a maior dívida de gratidão é meu marido e parceiro na vida e nos negócios, Rick Hamrick. Se eu tentasse listar todas as infinitas gentilezas que você me faz diariamente e a miríade de formas pelas quais me presta apoio para que eu possa ser quem sou e cumprir meu papel, precisaria de outro livro inteiro. Seu amor e amizade são o fundamento para tudo o que faço e sou. Você é realmente um agente do caminho mais fácil e agradeço todo dia ao Espírito por você, seu amor e seu grande coração. Também sou infinitamente grata por seu entusiasmo pelo que escrevo, pela boa vontade e pelo trabalho magnífico que realiza ao revisar e corrigir o texto tantas vezes quanto preciso!

Indiscutivelmente, sou abençoada.

**Eu escolho viver no caminho mais fácil,
onde tudo é simples.**

Este livro foi composto na tipologia Adobe Garamond Pro,
em corpo 11,5/15,1, e impresso em papel off-white
no Sistema Cameron da Divisão Gráfica
da Distribuidora Record.